子どものこころSOS

子どもの気持ち
感じていますか？

精神科医
春日武彦 著

グローバル教育出版

目次

はじめに

東京オリンピックが開催される前の年、すなわち昭和三十八年に私は小学校六年生でした。そのころを思い返してみると、奇妙なことしか頭に浮かんできません。

たとえば、この年にヒットした歌に、舟木一夫の「高校三年生」があります。読者のみなさんがはたしてこの歌をご存知なのか見当もつきませんが、当時は大変流行りようでした。同名の映画も作られました。まだ大学進学率が低かったので、高校を卒業しても、就職する者もいれば進学する者もいる。いずれにしても級友たちは各地へばらばらに散っていくわけで、人生も大きく分かれていく。そんな不安と期待の瞬間を目前に控えた時期を歌ったからこそ、多くの人々の胸に響いたのでしょう。

ヒットしてしばらくしてから、新聞にこんな記事がでていました（当時の公立小学校六年生は、その二割くらいが新聞に目をとおしていたのではないでしょうか）。中学を卒業してそのまま集団就職に向かう少年少女の壮行会の場で、校長が彼らに

「高校三年生」を歌わせたことが問題になった、という報道でした。

まだ貧困が大きなテーマとなっていた昭和三十年代のことです。金銭のことのみならず、さまざまな事情で義務教育以上の勉学を諦めねばならない子たちもいたことでしょう。そんな彼らに高校卒業を控えた心境の歌を合唱させるとは、あまりにも無神経であると報じられていたのです。槍玉にあげられた校長は、ちまたで流行っていたし、卒業の歌ということで「つい」歌わせてしまった、申し訳ないことをした、と謝っていたそうです。

私はこの記事を読みながら、ふたつのことを考えました。ひとつは、たとえ悪気はなくとも大人は子どもの心を平然と踏みにじるデリカシーのなさを持ち合わせているんだよなあ、という感慨でした。そしてもうひとつは、たぶん自分は大学まで進学することになるだろうけれど、入学試験に臨んだときにかぎって実力が発揮できず、あるいはさまざまなアクシデントが重なってどうやっても試験がとおらず、結局のところ中卒で就職ということになったら嫌だなあ、といった妙にリアルな恐怖感でした。この恐怖感は、つまりモラトリアム志向の心情の裏返しであり、現代の「ひきこもり」の人たちの心とどこかつながっているような気もします。

さて、いまになってみますと、当時のこれらふたつの感想は案外と重要な意味を含んでいるような気がします。

まず、大人たちの子どもに対するデリカシーの欠如。もちろん大人としてはそんなつもりなどないのでしょうが、少なくとも彼らは自分が子どもだった時分を不思議なほどに失念している。どうしてそこまでみごとに自分の子ども時代の心情を忘れてしまえるのか理解しかねることは珍しくありません。私が現在勤務している精神科の外来で、子どもに関する悩みを訴える親御さんがしばしばいらっしゃいますが、だれもが大人モードでしか考えられないのです。子どもの立場に立ってみたらどうなのか、そういった簡単なことができない。あるいは試みようとしない。

子どもにとっては重要なことでも、大人からすれば無意味だったり非能率的だったりすることはいくらでもあります。いまどきの親はどうも性急な人が多いようですが、たとえば「そんなことをしても時間の無駄になるだけだ」ということを、とにかく一回は徹底的にやってみて「ああ、やっぱり無駄なだけなんだ」と心から納得することは重要です。そうしたプロセスを経験しているか否かで人生のリアリティーには大きなちがいが生じるでしょうし、それがさまざまな試練の場において当人に与える影響は計り知れないものがあるにちがいないのです。知識で「時間の無駄」と知っているだけでじゅうぶんなものもあれば、体得しておかなければ、それこそ現実感が希薄になってしまうことも少なくないのです。

次に、試験に対する恐怖感。当時はたしか四当五落などという言葉がありました。夜に四時間しか眠らずに勉強をすれば大学に合格するが、五時間も眠ったら合格はおぼつかないという、つまり受験地獄を指した言葉でした。私としては八時間は眠らなければじゅうぶんに知恵はだせないと思っていますが、このような言い回しが浸透するような状況は、形を変えていまでも脈々とつづいています。子どもたちは、不安というよりも恐怖に近いものを試験には抱いているかもしれません。

本書は、子どもたちの気持ちを少しでも思いだし、また彼らの悩みや困惑について、できるかぎり子ども側の視点に立って読み解こうと試みたものです。子どもを持つ親御さんたちに、いくらかでも参考になったり腑に落ちるところがあれば幸いです。

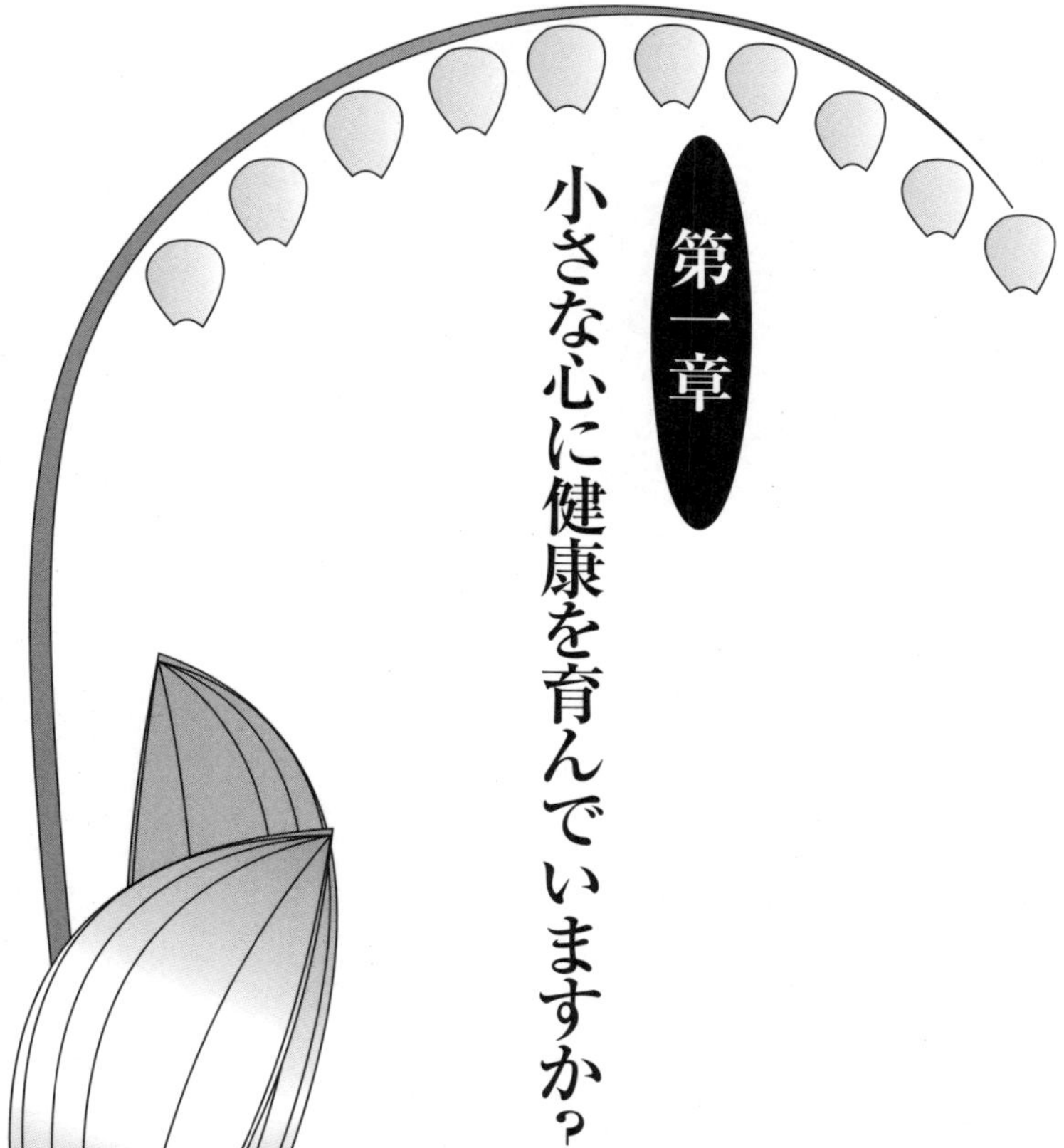

第一章

小さな心に健康を育んでいますか？

言葉は「思考のためのツール」

そこにはまん丸な池が…

現在でも、小学生は「つるかめ算」とか「旅人算」といったものを勉強しているのでしょうか。私自身は、一度は習って身につけたはずなのに、もはやまったく記憶に残っていません。おそらくそれくらい退屈な内容だったのでしょうが、不思議なことに、算数の教科書に載っていた一枚の図だけがいまでもくっきり脳裏に浮かび上がるのです。

それは植木算を説明するための図でした。ペン画で、静かに水を湛《たた》えた池の眺めが描かれています。ただし妙にリアリティを欠いています。なぜなら輪郭がまん丸だからなのです。そんな円形の池の周辺に、等間隔でおよそ1ダースくらいの樅《もみ》の木が植わっています。木はリアルかつていねいに書き込まれ、抽象的なトーンの池と不思議な対照を見せています。

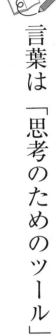

現実にはそんな幾何学な池などないでしょう。が、もしかすると、世界のどこかには樅の木にぐるりと囲われた正確な円形の池が見つかるかもしれない。それどころか、以前にあたかもそんな池を実際に見たことのあるような気分にさえなってきます。

表現することのむずかしさ

さて、私はこの植木算の図が自分にもたらした風変わりな印象を、ぜひとも友人に伝えたいと思ったのです。しかし、小学生の私にとって、図から受けた奇妙なイメージがいかに詩的なものであり、算数の教科書のなかでそういったものとであえるなんて奇跡のような体験であったという意味のことを、巧みに説明することができませんでした。

まあ無理もないでしょう。感情や感覚にまつわる微妙なニュアンスを、言葉を尽くして十全に伝えることは容易ではありません。幼い私は、非常に「もどかしい」気分に陥ったことをいまでも覚えています。

言語化する能力の必要性

小学生といっても中学受験を考えるころになりますと、かなりの国語力が身についていることでしょう。国語の入試問題をさきほど覗いてみたら、ずいぶん高度な能力が求められていることに驚いてしまいました。国語力といってもいろいろな側面があるのは当然のことですが、国語のみならずあらゆる科目、ひいては生活そのものにおいてもっと重大な能力は、おそらく漠然とした考えや気分といった曖昧なものにきちんと言葉を与える能力ではないかと思います。すなわち、「言語化能力」です。

曖昧なものを言葉にする

そもそも人間にとって言葉は「思考のためのツール」です。言葉によって、いまだきちんと形をなしていない気分や発想、感覚や思考が具体的なものになってきます。直感とか雰囲気、経験に則った方向性といったものは、言葉を与えられることによってはじめて具体化し、具体化するからこそ自分で隅々まで検討することが可能となります。曖昧なものを曖昧なままにしておいては、必ず「つめが甘く」なります。基本的な問題なら解けるのに、応用問題だととたんに不振になるとか、本来は頭がよかったはずなのに成績がいまひとつぱっとしないといった子どもの多くは、言葉を駆使して対象を具体的に追いつめていくといったプロセスをおろそかにしているのです。

訓練によってある程度のところまでは成績を上げることは可能です。しかし、頭打ちになってしまう子どもにおいては、言語化能力が乏しいといった可能性が検討されるべきです。曖昧なものにそれなりの言葉を与えたり名前をつけることで、いっきょに思考はショートカットが可能になります。そして子どもたちの苛立ちとか心の健康にも、実は言語化能力が大きく関与してくるのです。

言葉による具体化が問題解決に

木の名前がわからない

言葉の問題を考えてみるとき、私にはいつもある短編小説の一節が頭に浮かんできます。古井由吉《ふるいよしきち》（注1）が昭和五十一年に発表した『櫟馬《くぬぎうま》』という内省的な作品です。

主人公は著者自身を思わせる作家で、彼は家の近くにある大きな公園を散歩するのを日課としています。その公園は緑にあふれ、さまざまな樹木が生い茂っています。しかし鬱蒼《うっそう》として立ち並ぶ樹木を前にしても、作家はその木がどんな名前、どんな種類のものなのかが皆目わかりません。ときおり図鑑などを調べてみますが、いざ実際の樹木を前にすると、なにがなんだかわからなくなってしまう。

ところが彼は、ふとしたことから樹木を見分けられるようになります。その「きっかけ」の部分をちょっと引用してみましょう。

クヌギという名だけが耳の奥にわずかに響き残っている。苑内の西側の林はクヌギとナラが混り、最初はどちらがどちらと確かめようとするとあやふやになったものだが、二度目の秋に地面に落ちているドングリの違いを思いだしてからというもの、翌年にはもうちらりと見上げるだけで雰囲気の違いまで感じ分けられるようになった。どちらも桜のころには黄緑の虫のような花穂を枝いっぱいに垂らして地面に敷きつめ、まもなく爽やかな芽吹きが始まり、新緑が次から次へ果てしもない感じで湧き上がるが、6月に入るとただもう暑苦しい、ただ旺盛な樹となってしまいます。

きっかけは「ドングリ」だった

主人公にとって、長い間、紛らわしく区別のつけがたかったクヌギとナラを、彼は地面に落ちているドングリといったきわめて具体的なものを介して、急に見分けられるようになったのでした。それまで不得要領で不全感（注2）しか与えてこなかった両者の違いは、ドングリの差異といったちっぽけな「きっかけ」でたちまち氷解し、すると「ちらりと見上げるだけで雰囲気の違いまで感じ分けられるように」なったというのです。

具体的なものを手がかりに

このエピソードはなかなか示唆に富んでいます。

小学生も含めて人間一般は、なんらかの困難な状況に悩まされ、それを解きほぐすまでの糸口すら見つからず、ただただ当惑したりとまどってしまったりすることが珍しくありません。それはあるときには学業不振の形となったりノイローゼとなったり漠然としたイライラ感となったりします。そんな状態を脱するために「がんばる」ことにやぶさかではないが、そもそもどうがんばってよいのかがわからないがために苦しい状態であると言い換えることもできましょう。

そうした場合には、まずなにがわからないのか、なにが自分をおびやかす原因となっているかを明確にする手続きが必要です。ただ漠然と雰囲気だけで「嫌だ」「苦しい」「わからない」「お手上げだ」などと言っていても始まりません。さきほどのドングリのような具体的なものを手がかりとしなければ、現状を抜けだせません。

言葉より事態を整理する

では、実際の場面においてドングリに相当するものはなんでしょう。

それこそが言葉なのです。言葉を与えることによって、とりとめがなく曖昧なものが具体的な存在となります。自分はいったいなにがわからないのか、なにに困っているのか、それを適切に表現することによって事態は整理され不安感はおさまり、「がんばる」ための用意が整ってくるのです。

困ったとかわからないとか苦しいとか、それなりに悩んでいる状態において人間は、すぐには解決に結びつかなくとも心の奥底で事態を収集するための準備モードに入っています。だからこそ、言葉による具体化といった作業を試みるうちに、いきなり問題解決への道が開け、あまつさえ「ちらりと見上げるだけで雰囲気の違いまで感じ分けられるように」なるといったことすら生じてくるわけです。

「懐かしさを感じる心」の秘密

ノスタルジーの効能

拒食症という病気があります。身体的には問題がないのに、食べたがらない。いやむしろ食べることを頑《かたく》なに拒み、食べるという行為そのものに嫌悪感を抱いているようにすら見えます。食行動に対して、「生々しく、しかも欲望がむきだしになっている」といったマイナスイメージを強く抱いているようでもあります。

よくもまあ栄養不足で倒れてしまわないものだとあきれるほど、彼女たち（拒食症の大部分は女性です）は痩せ細っています。しかしそれでも食べることを嫌がり、体重の増加を恐れ、太ること（いや、正常な体型に戻ること）を嫌悪します。痩せているイコール美人といった考えに取り憑かれているようにも思えますが、なにかもっと根源的な精神的飢餓感が彼女たちの痩せ細った体型には表れているように見えるのです。

ある説によると、成熟への拒絶が拒食症の根本的な心性なのだそうです。大人になんかなりたくない、幼いころへ戻り、以前のように「両親に愛され慈しまれる子ども」に再びなりたいといった願望が反映しているといいます。ですから体重の減少は子ども時代への遡行《そこう》（注3）を意味し、自分がなりたい年齢に相当する体重まで落ちたところで奇妙な安定をもたらすというのです。拒食症とは、子ども時代へ戻るための一種のタイムマシンということなのでしょう。

　その説の当否はともかく、人間の心には、「つらくなると、昔へ戻りたくなる」といった傾向が基本的に備わっているようです。もっとも、じゃあ昔が本当によかったのかといえばそんなことはないわけで、しかし嫌な要素は時間の経過が洗い流してくれるのです。俗な言い方をするなら、ノスタルジーには癒しの効果がある、ということです。

中学受験という図式

ここで話は中学受験に移ります。受験勉強に励んでいる小学生たちは、いずれ成人し、世間でさまざまな困難に遭遇することでしょう。ストレスどころか、絶望や困惑に打ちひしがれることも少なくないでしょう。そんな彼らが、たとえば中学受験時代を思い起こして懐かしさを感じたり、あのころはよかったなあと思うことはあるでしょうか?

あると思います。それこそ「勝ち組」ならば当然ですし、思いどおりの結果をだせなかった中学受験であったとしても、懐かしさで胸が揺さぶられる瞬間が将来きっと訪れるはずです。なぜなら、受験というものは人生が非常に単純化されたものだからです。努力が9割に、あとは運と気合い。そして家族の応援。そんなシンプルな図式が人生において成立することは稀でしょう。われわれの心は、そもそも簡素でわかりやすいものへ惹かれるようにできているのです。

懐かしさも能力のひとつ

けれども、もし受験がいつまでもトラウマとなっていたり、わだかまりが拭い去れないとしたら、おそらくノスタルジーの機能が働かないといった点において、その人は心になんらかの機能不全を内包しているといえましょう。

認知症のお年寄りは、ノスタルジーを感じることができません。過去と現在との区別がつかなくなることはあっても、それは過去を相対化して懐かしむといった高度な精神活動とは異なります。神経症の人も、過去をセピア色の光景としてとらえられないところに弱みがあるようです。

懐かしさを感じられることは、人間にとって最も大切な能力のひとつなのです。受験参考書を持った小学生たちも、やがてそのことに気付く日が訪れることでしょう。

自分を誤魔化すことも必要だけれど

「寝たふり」はマナー違反？

最低で8時間は眠らないと私は頭の働きがよろしくないのですが（だから、学生時代に試験前だからといって徹夜をしたり睡眠時間を削ったことはありません）、布団ですごす時間をたっぷりと確保することは容易ではありません。必然的に、通勤電車のなかでうつらうつらすることが珍しくありません。

さて、電車内のマナーのひとつとして、お年寄りには席を譲ろうというのがあります。そしてマナー違反の実例として、「年寄りが自分の座っている席に近づいてくると、寝たふりをする輩《やから》」がしばしばあげられるようです。マナー啓発のポスターに、年寄りを立たせたまま狸寝入りをしている男性を漫画で描いてあるのを見た覚えもあります。

私は、本当に狸寝入りをする人がどれだけいるものなのか、いささか疑問に思っ

ています。実際に眠くて、しかし電車で熟睡するほどリラックスをしているわけでもなく、半眠半覚醒の人が大部分ではないでしょうか。それを狸寝入りだと決めつけて「マナー違反！」と指弾するのはいかがなものでしょうか。眠いのか寝たふりをしているのか、その判断はそう簡単にはいかないはずです。寝不足で懸命に働いている人たちには少々酷な言い方ではないでしょうか。正義の暴走のように感じられてしまうのです。

それにしても、電車で携帯電話を平気で使ったり、混雑していても足を組んだまま座っている人の神経はどうなっているのでしょうか。誰かに注意されても無視をするようすからは、悪いということはわかっていてもあえて「知らんぷり」をしているとしか思えません。そういった態度を図々しいと称するわけですが、考えてみればこれは一種の才能です。自分の理性やら良心やら羞恥心を誤魔化す能力に長《た》けているためです。

自分を誤魔化す必要性

嫌味で言うわけではありませんけれど、自分を誤魔化す能力は、人生を乗り切るうえで必須です。神経症を患って私の外来を受診する人たちを診るにつけ、「ああ、この人たちは自分を誤魔化す能力が中途半端なんだなあ」と実感します。正義や良識や志に徹することも叶わず、かといって世渡りに徹したり、腹を括って「えげつない」ことをすることもできない。そうした半端さがフラストレーションを引き起こすのです。

演出に惑わされない勉強法

先日、テレビで東大出身の美人タレントが受験生時代のことをしゃべっていました。そのときの台詞が印象的でした。

彼女の聡明さは、勉強のやり方において確固たる方針を最初から持ち、自分を誤魔化さないようにするといった信念を抱いている部分に表れているようでした。なにしろ問題集を解くときに、彼女はひとつの問題を、出題者の意図や公式の由来といったものも含めて徹底的に掘り下げるのです。そのため、一日に一問しか進まない日も稀ではなかったと言います。「一日のうちに問題をたくさん解くと、いかにも『勉強したなあ』といった気分になるんだけど、それは錯覚。徹底的に取り組まないかぎり、気分で自分を誤魔化しているだけになっちゃうんですよね」

確かに、勉強をした割には成績のふるわない学生は、「理解して身につけた」と「勉強したようなムードに浸った」との区別がついていません。えてして受験産業も、そうしたムードばかりを演出する傾向があります。

自分を誤魔化すべきときと、誤魔化すべきでないときがある——そんな当たり前のことが、自分については見えなくなってしまう。そこに悲劇があるわけです。

心のバランスを形作るもの

現代の子どもらしさ

私は東京・目黒に住んでいるので、近所に寄生虫会館があります。御存知のかたも多いでしょうが、ここはもともと寄生虫の研究所で、そこが啓蒙のために標本だとか写真、パネルなどを博物館方式で展示するようになったのです。

私が最初にここを見学したのは予備校生のころですから、もう三十年くらい前になりましょうか。近ごろではちょっとした人気スポットとのことで、おそらく「怖いもの見たさ」とか、お化け屋敷に近い感覚で訪れる人が多いのでしょう。

先日は、小学校高学年らしき仲よしグループの一団が入り口の階段を昇って行くところを目にしました。みんなちょっと興奮ぎみのようすで、おどけ役の子が「おえー！」などと奇声をあげて一同を笑わせていました。

子どもはウンコとかゲロの話が大好きです。寄生虫標本には胸をときめかせるに

決まっています。いわゆる「子どもらしさ」というと、泥だらけになって駆け回る姿だとかケンカをしたりトンボを追いかけたりといったイメージばかりが強調されますが、現代社会における子どもらしさの典型は、あの寄生虫会館の前で胸を高鳴らせている姿でもあるのだろうなあ、と私は思ったものです。

本当に過激なのは女の子？

小学校のころに、女の子のグループがいったいどんなつもりであったのか、保健衛生の紙芝居を作ってクラスで上演したことがありました。趣旨は「ちゃんと手を洗って清潔を心がけましょう」ということなのですが、どうも内容がグロテスクなのです。不潔な少年がいて、他人から注意されても耳を貸さない。結局ある日、腹が猛烈に痛くなり、苦しさのあまりに嘔吐したら、口から回虫がでてきたという話なのでした。

回虫がにょろにょろ口から吐きだされるところがクレヨンでていねいに描かれていて、「悪趣味!」「最低!」とクラスメイトたちからはブーイングの嵐でしたが、非難しつつも、みなどこかうれしそうな表情だったのを覚えています。

それにしても、女の子というのはときおり極端というか過激なことをするなあと秘かに思い、その印象はいまになっても変わるところがありません。

そういえばまだ小学校の低学年だったころに、算数で応用問題を作ってきなさいという宿題をだされたことがありました。つまり、計算式を文章問題にして自由に作成してみろということです。

ミカンが十個あってそのうち太郎君が三個食べ、花子さんが二個食べたら残りのミカンはいくつでしょうといった類の文章を作れ、ということです。

授業で先生が読みあげたのですが、Eさんというかわいい女の子が、突飛な問題を作ってきました。南の島に人喰い人種がいて、探検隊のメンバーを十人ほど捕虜にした。パーティーでまず三人食べ、途中でふたりが逃げた。さて残りは何人でしょう――まあそんな内容だったのです。

貴重な「違和感」

先生はかなり真剣な顔で、こういう問題はよろしくないと言いました。私もなんとなく不適切というか不謹慎なのかなあとは感じましたが、理由がいまひとつわかりませんでした。どうせフィクションなのだから、かまわないようにも思えます。

結局、先生は、たんに「よろしくない」と口にしただけでしたが、それでも言わんとすることは顔つきからリアルに伝わってきました。いまでしたら、こういったエピソードは異常の徴候ということで騒ぎになってしまうのでしょうか。

しかし、ある種の違和感として、こうした体験の記憶は心のバランスを形作るうえで貴重なことに思えるのです。

枠組みのあるイジメと枠組みのないイジメ

かくれんぼと缶けりの違い

私が子どものころには、「缶けり」という遊びがありました。原っぱとか空き地がないと成立しないので、いまどきの都会の子どもには体験しがたいかもしれません。

集団での遊びには「鬼VSその他全員」といった形で競うものが少なくありません。かくれんぼなどは、その典型です。そして、鬼は強く怖い存在である場合がほとんどです。

ところが缶けりでは、鬼の立場が一番弱い。いったん鬼になったら、あとは「その他全員」が寄ってたかって鬼を翻弄する。鬼の役割から抜けだすのはまず不可能という、ひどいゲームなのでした。一日おかれている子が鬼になると、周囲も手加減をするので比較的すぐに交代することもあるけれど、そうでないと鬼のままその

日が終わってしまう。といって途中から「やめた！」と抜けると、あとで卑怯者呼ばわりされるので、じっとガマンしなければならない。まさにイジメそのもののような遊びなのでした。

リセットの機会を持てるかどうか

いまから思い返してみると、缶けりは一種の合法的なイジメみたいな性質を帯びていた気がします。

合法的ということは、つまり遊びとしての枠組みが定められていたということです。これは加害者にとっても被害者にとっても「救い」になっていました。ときには鬼がベソをかいたりすることがあります。そうなると、みんなもさすがにマズイと思う。そこで遊びは解散となる。つまり、イジメの構図は終了となるわけです。

わざわざ鬼にされて翻弄されるがために遊びに加わっているとしか思えない少年がいました。当時は不思議に感じていましたが、彼としては仲間はずれにされるよりは、一定の枠がある遊びのなかで一時的にいじめられていたほうが、まだ精神衛生上よろしかったのでしょう。いじましい話ですが。

イジメというものには普遍性があります。古今東西を問いません。ただし近ごろの社会で問題なのは、枠組みなしにイジメが行われてしまうことです。これでは救いがありません。終わり、解散、そういったものが訪れないのですから。

被害者のみならず、加害者にとってもこれは困ったことです。「あ、ちょっとやり過ぎたかな」とか、「いくらなんでも、度が過ぎたなあ」と内心思ったとしても、リセットの機会がないためです。そのまま日常と地つづきなのですから。

加害者としては反省する部分があっても、自分でそれをフォローするチャンスが持てない。気まずさと自己嫌悪が妙なぐあいに噴出して、結果としてはなおさらイジメが加速されたりしてしまう。

「けじめ」がないと不快感がもたらされる

枠組みとは、「けじめ」と言い換えてもよろしいでしょう。ときには「けじめ」は面倒でうっとうしいかもしれません。しかし、自他ともに救いをもたらすための便利な装置でもあるのです。

電車のなかで化粧をしたり、スナック菓子を食べ散らかしたり、携帯電話をマナーモードに切り替えなかったり、あるいは階段に座り込んで通行のジャマをしたり、周囲をはばからずに大声でしゃべったり、深夜に繁華街を制服でうろつきまわったり、そういったことがわれわれにもたらす根源的な不快感は、結局のところ終わりも「けじめ」もないイジメを延々と繰り返しかねない心性に彼らが陥っていることが伝わってくるからなのです。

一瞬の心のスキを分析すると

コンセントにはさみの刃を

たぶん小学校5年生のときでした。遊びに来た友人と、自分の部屋でムダ話をしていました。その際、なぜか私は紙切りばさみを手にしていました。たまたま机の上に置いてあったのを、なにげなく手に取って弄んでいたといったところでしょうか。ごくありふれたはさみでした。

ヒトはごくふつうにしゃべりながらも、同時にまるで無関係なことを頭のなかで考えたりできるものです。ことにムダ話をしているときには。

私は友人としゃべりながら、ふと、床すれすれの壁にあるコンセントに目をとめました。マンガにでてくる豚の鼻みたいだなと思いました。そんなふうに思ってみると、いやにコンセントのことが気になってきます。ふつうにしゃべっているのに、コンセントの穴のことで頭がいっぱいになってきました。

次の瞬間、手にしているはさみを少々開きぎみにして、尖端を左右それぞれのコンセントの穴へ突っこんでみたくなりました。まさに唐突に、そのような発想にとらわれたのです。

そして、私は本当にはさみのさきをコンセントに突っこみました。顔は友人のほうへ向け、しかし視線はコンセントへ向け、口では会話をつづけていました。

パチン！　と弾けたような音がして、青白い火花が飛び散りました。ショートを起こして、たちまちヒューズが飛びました（つまり、いまならばブレーカーが落ちた状態となったのです）。

「魔が射した」とはこのことか

私は茫然としていました。友人もたまげて凍りついています。母親が驚いて声をかけてきました。なにしろいきなり電気がストップしてしまったのですから。

はっと我に返り、手にしていたはさみを見てみました。尖端は溶けていました。はさみの電気抵抗が低かったおかげで、私の手には電気が通過せず、おかげで感電は免れていました。

それにしても、なぜあんな馬鹿げたことをしてしまったのでしょうか。いくら小学生でも、コンセントの左右の穴へはさみを突っこんだらまずいことくらいはわかります。それなのに、私は「突っこんでみたらどうなるのかな」と考えて、それをあっさり実行してしまったのです。

こうした行為をもって「魔が射した」と称するのでしょうか。だが、私の頭は、ピントがはずれていたなりに冷静であったようにも思われます。少なくとも錯乱していたわけではなかったことが不思議だったのでした。

「一方通行の連想」が怖い

自宅が火事になりかけた級友がいて、火の第一発見者は彼自身でした。手で抱えられるくらいの大きさの炎がめらめらと燃え上がっている。そのときに彼は、水をかけて消火しようとはしませんでした。ゆっくりと落ちついたようすで団扇《うちわ》を手にして、その炎をぱたぱたとあおぎ始めたというのです。

そんなことをしている彼を母親が発見して、危うく火事となるところを消し止めたのでした。本人は、なぜか「炎↓あおぐ↓団扇」といった連想しか働かなくなって、大真面目に火事を広げようとしていたそうなのです。

私の場合も彼の場合も、頭のなかで思考がストップしていたわけではない。だが、まるで夢遊病のように思考の一部がふわふわと現実離れした次元へと彷徨《さまよ》いでてしまっている点……。

思考が勝手にひとり歩きを始め、現実とはつながりのないところへと旅を始めてしまっているのです。

リストカットと解離症状

リストカットをした女子高校生と診察室で面談していたら、自分でもどうして手首を切ったのかわからないと語っていました。ぼんやりと手首を眺めているうちに、気がついたらカッターを握っていた。このカッターで切ったらきっと血がでるのだろうな、試してみたらどうなるだろう、とまるで他人ごとのように考えが浮かび、そのまま水のなかで動いているような感覚で実行してしまったと言います。

自分の手首を切っているときには痛くなかったし、血が流れてくるのを見てもリアリティーに乏しく、「血って、やっぱり生温かいんだな」と思っていたそうです。

解離症状と呼ばれる現象があります。錯乱したり混乱しているわけではなく、頭のなかはそれなりに冷静なのですが、思考が勝手にひとり歩きをして現実とのつながりを失ってしまう。ミクロ的にはつじつまの合ったことを考えているのですが、マクロ的には明らかに常識はずれな発想をして、しかもそれを実行してしまう。

いわば精神的に視野狭窄状態になっているのです。全体的なバランスを考慮せずに、ただ感情や連想のおもむくままに振る舞って、その結果、とんでもないことを

しでかしてしまう。

解離症状の起きる原因は？

このような状態は、おしなべて強いストレス下で起きると言われていますが、実際にはとくにストレスを自覚していなくとも生じます。コンセントへはさみを突っこんだ私は、ことさら精神的に追いつめられている状況ではありませんでしたし、逆に激しいストレスにさらされれば誰もが解離状態を呈するわけでもありません。

おそらくヒトの心には、ともすれば勝手に感情や連想がどこまでもひとり歩きしてしまいかねない資質があるのでしょう。

ただしそれを常識とか分別といったものが抑えている。だから精神的な余裕を失ったり、逆にぼんやりとしている際に、おかしな振る舞いにおよんでしまうことがあるのかもしれません。

テレビゲームがおよぼす影響

テレビゲームばかりしているとバーチャルリアリティーと現実との区別がつかなくなって、その結果として荒唐無稽かつ非常識な犯罪をしでかしかねない、といった論をしばしば耳にします。なるほどそのような言いまわしには説得力があります。だが、当人は実際にはちゃんと社会生活を送っているのです。仮想現実の住人になりきってはいないのです。それなのに、些細なきっかけでいきなりゲームの世界へとモードが切り替わってしまうという話には、少々眉に唾をつけたくなります。

ゲームは、それで遊んでいるときには集中しているようで、実は頭の隅でほかのことを取り止めもなく考えているのがふつうです。だからこそ、だらだらと楽しめるのです。本当にゲームの世界へ没入しているわけではない。そうした思考の二重性が強調されることのほうが、解離症状を起こさせやすい素地を作っているのかもしれません。

ヒトの心は、いつもひとつだけのことを考えているわけではありません。だからこそ創造性や閃きといったものも生ずるのでしょう。やはり肝心なのはバランスと常識なのでしょう。

注

注1……**古井由吉**（Ｐ16）／ふるい・よしきち／小説家。昭和十二年生まれ。東京都荏原区（現・品川区）出身。東京大学、及び同大学院で独文学を学び、昭和三十七年から金沢大学で助手としてドイツ語を教える。退官後、「杳子（ようこ）」で第六十四回芥川賞（昭和四十五年）を受賞するなど、さまざまな文学賞を受賞している

注2……**不全感**（Ｐ17）／苦しみや非充足感

注3……**遡行**《そこう》（Ｐ21）／流れをさかのぼっていくこと

第二章

子どもの気持ち、理解していますか？

箱はわれわれの心そのものの象徴

ある経済学者は「干し草」をあげた

以前、テレビ局からアンケート調査が寄せられたことがありました。内容は、「人類が生みだした最も重要な発明はなんだったと思いますか?」というものでした。常識からすれば、言葉の発明であるとか、火の起こし方といったものが該当するでしょう。ただしアンケートは、そのようなオーソドックスな回答は期待していないようなのでした。そんな答えばかりでは当たり前でつまらない。テレビ局としては、もっと突飛な回答を期待していたようなのでした。

あえて言うなら、確信犯的に奇矯《ききょう》(注4)な答えをしながらも、実は意外な視点から語られる一種の文明論を求めている気配だったのです。

例として、アメリカのある経済学者の回答があげられていました。彼は、人類の最も重大な発明とは「干し草」であると主張します。干し草の登場によって牧畜業のシステムが確立し、それが農業や人口動態に影響を与え、やがて現代社会を形作っていったことを、いささか牽強付会《けんきょうふかい》（注5）ながらも澱《よど》みなく説明してみせていたのでした。本当は「干し草」である必然性はあまりないのでしょうが、いきなり「干し草」と主張してみせるところに論理とユーモアとが衝突するおもしろさが表れていたのでした。

箱が最も重要な発明と回答

私にアンケートが寄せられたのは、おそらく精神科医という職業に対して当てこむものがあったからに違いありません。そうなると、たとえば「無意識」といった回答が期待されていたのかもしれません。いまでこそわれわれは無意識とか深層心理といったものの存在を前提として心理学的な解釈を受け入れていますが、無意識とはその実態が確認されているというよりは、むしろヒトの心を上手く説明するための発明品でしかありません。

ただし、無意識や深層心理をあげたのでは、精神科医としては意外性に欠けるような気がします。そこで思案を巡らせ、アンケート用紙に私は「箱」と書き記したのでした。

動物は箱を使えない

箱は、物をしまったり隠しておくための容器です。動物ならば食べ物を地面に埋めたり樹木の洞に保存したりするかもしれません。しかし、箱は人間が自らの意志で空間を切り取り、そこに意味づけをするといった行為において、明らかに動物とは一線を画するものです。

箱は時間を封じ込める役割も持っていますし（押し入れの奥にあった箱を開けたら思い出の品が入っていたとしましょう。そのときわれわれは懐かしさという感情を介して時間の奥行きを実感するはずです）、空間を分節することによって、このとりとめもない世界の広がりをもっと具体的な手ごたえで感じとることを可能とします。箱を並べたり積み重ねるといった体験をとおして、子どもは個と集団との関係を目に見える形で確認しているのかもしれません。

象徴としての「箱」は言語に支えられる

箱の存在によって、われわれは積極的に秘密を持てるようになったのではないでしょうか。箱はなかになにかを保存すると同時に、それを他人の目から隠蔽する役割も持っているのです。他の事物から区分けして秘匿しておくための意向が実体を得たとき、それがすなわち箱という物質となっているわけです。

そうなりますと、箱とはわれわれの心そのものの象徴ととらえることができましょう。ことに秘密を持つことを可能とした点で、われわれの精神の複雑さの雛型となりえている気がします。

まあそんなふうにまことしやかな説明をしてみても、所詮は論理の遊びに過ぎませんけれど、言語の重要性を思い返してみるなら、象徴としての「箱」をつくり上げるための素材とは、言葉そのものであるに違いありません。心は言葉によって組み立てられている……。人類が生みだした最も重要な発明とは言語であったという説の正当性が、ここであらためて確認されたことになりましょうか。

与えておきたいゆとりや安心感

必要以上に几帳面な子ども

テスト用紙を配られると、第一問から順に、第二問、第三問と順序正しく几帳面に設問を解いていかなければ気のすまない子がいます。第一問がわからないのでとりあえず第二問からスタートするとか、そういった臨機応変なことのできない子どものことです。

最初から順番に解いていくことにこだわるあまり、いたずらに時間を空費し、本来ならばわかるはずの問題は手つかずのまま「時間切れ」になってしまい、実力がテストにまったく反映されないといったかわいそうな子どもでもあります。

ある種の几帳面さとか「こだわり」、無意味な規律指向、非現実的な形式主義といったものが、このような性癖からは窺われましょう。

大人でいえば「強迫症状」

これに類似した心性は、大人においては「強迫症状」が該当します。

朝、会社へ足を踏み入れるときにはその第一歩が必ず右足でなければならないとか、本棚を目にするとそこに何冊の本があるのかを数えなければいられないとか、机の上に置いてあるものがすべて平行か直角かに並べられていないと気持ちが悪くて仕方がないとか、夜寝る前には必ず枕を手のひらで二回叩かないと気がすまないとか、そういったおまじないだか儀式だか御祓だか判然としない「こだわり」に囚われてしまうことを強迫症状と称しますが、テストを順番通りに解かないといられない気持ちには、そうした強迫症状に近い精神構造が隠されていると考えられます。

自らに課している枠組み

おそらく、第一問からきちんと解答をださなければいられない子どもであっても、心のなかではそれが損な作戦であることはじゅうぶんに承知しているはずです。にもかかわらず、理屈よりも心情が優先してしまう。まさに強迫症状と同じであり、会社に右足から入らないといられない人もそんなことはばかばかしいし、安易に他人へ話せることがらではないことを自覚しているのがふつうです。だからこそ逆に苦しいわけです。

強迫症状を持つ人は、一見したところは穏やかであっても、内面には激しい攻撃性やエネルギーを秘めているといわれます。そういったものをそのまま外へ向かって野放図に放出してしまうと、問題を起こしかねません。そこで無意味なこだわりという「枠組み」を自分に与えることで、自己規制をはかっているというのです。

攻撃性が内面に向かうために強迫症状をやめようとすると、不安感や「なにか悪いことでも起きそうな」気分に襲われて、そのためにやめられないといったメカニズムが成立するのです。

おそらく第一問から順々に解答していくことに執着する子どもは、自分が完璧な答案を作成しなければならないとか、本当に実力があるなら最初から順番に解いていけなければおかしいといった思いに縛られているのです。換言すれば、テストならばどんな方法であれ、とにかく得点の高い者が勝つという前提を潔しとしないのです。

このような心性をなおすのは容易ではありません。が、完全癖とか妙な潔癖さといったものの裏には、そうでなければ自分が親に認めてもらえない、自分に価値がないのではないか、といった「いじましさ」が横たわっています。すなわち、親が子どもに「ゆとり」や安心感を与えないといった部分が大きいのではないでしょうか。そうした親の心持ちが、子どもに怒りや「よるべなさ」を与え、間接的ながら強迫傾向を惹起《じゃっき》させていることが指摘できるように思えるのです。

気持ちを落ちつかせる「代理自我」

人気があった「少年探偵団」

私の子ども時代には、全国津々浦々に「少年探偵団」というものが存在していました。もともとは作家の江戸川乱歩（注6）が少年向けの読み物として怪人二十面相というアルセーヌ・ルパンを手本とした怪盗を創造し、その相手役として明智小五郎探偵と少年探偵団を登場させたのでした。

やがて少年探偵団はラジオやテレビでドラマ化され、その主題歌とともに日本中に知られていくことになりました。影響を受けた少年たちは、寄り集まっては少年探偵団を名乗り、ごくふつうの人が道を歩いているだけなのに「怪しい、あの人はもしかすると怪盗団の手先かもしれない」などと勝手に決めつけては尾行を試みたりしていたものでした。

紙に地図を描いてマークを記し、宝の在り処をしめす「秘密の地図」を気取りま

した。本物の財宝の代わりに、母親にもらった香水の空きビンを埋めてみたりしたものです。

自分たちが少年探偵団であると名乗ることによって、どんなにつまらぬ振る舞いであっても、それがたちどころに犯人探しや秘密捜査、隠密行動やパトロールといったものに「変貌」する。そんなご都合主義を成立させる力があったからこそ、「少年探偵団」という名称は子どもたちにとって魔法の呪文となりえていたのでした。

詠嘆と繰り返しで

江戸川乱歩の読み物は、独特の文体で書か

れていました。子ども向けに平易な言葉づかいがなされていたのはもちろんですが、説得力を持たせるべく、詠嘆と繰り返しを多用した特有のリズムで文章が綴られていました。たとえば、「ああ、なんという不気味な光景でしょう。警察署長は自分の顔を、まるで皮膚をはぎ取るかのように、ゆっくりゆっくり剥がしはじめたのです。すると、別な顔があらわれてきたではありませんか。ニタニタと笑うその新しい顔は、なんと怪人二十面相にほかなりませんでした！」といった調子で、無声映画の弁士や講談師の口調にも似たものでした。

「代理自我」という技法

さて、児童心理の技法に「代理自我」というものがあります。どんなに優しくアプローチをはかっても泣いたり怖がったりしてコミュニケーションが成立しない、そんな幼い子を相手にする際の手段です。

とにかくできるだけフレンドリーな雰囲気を作って子どもを安心させる。そして無理には近寄らない。離れたところで子どもが遊ぶのを見守る。そういった関係性を築いたうえで、子どもの行動や感情を実況中継するのです。「ヨシオ君はいま、積み木を重ねています。高く高く積み重ねようとしています。このままでいけば、自分の背丈よりも高く積んでいけるかもしれません。ヨシオ君は誰にも手伝ってもらわずに、ひとりですごい計画を実行中です！」といったぐあいに。

こういったナレーションが、結果的には子どもとの物理的な距離を縮める働きかけとなり、また親近感や信頼感を与える契機として作用するのです。

侮り難し江戸川乱歩

それにしてもこのナレーションは、江戸川乱歩の文体に似ています。客観と主観とを上手く混ぜ合わせて相手を自分のペースに取り込んでしまうといった性質が共通しているのでしょう。おもしろいことに、この口調を真似て自分のようすをナレーションしてみると、結構つらい状況にあっても気が楽になってきます。試験を受けるときに、気が動転している自分の姿を心のなかで実況中継して気持ちを落ちつかせることもできます。江戸川乱歩、侮り難しといったところでしょうか。

「ダメ人間」をトレードマークに!?

「ダメ人間」は愛嬌ものか

ある雑誌で、「ダメ人間」について特集をするから話を聞かせてほしいという依頼がありました。

読者のみなさんは、「ダメ人間」とはどんな人のことを意味するのかおわかりでしょうか。文字どおり、「あいつはダメなやつだなあ」と、いつも舌打ちをされたり苦笑されたりする人物のことです。「しょうがないな」「困ったものだ」「やっぱりあいつか」「反省をしたことがないのかね」と揶揄され、それでも無視をされたり仲間うちから弾きだされることはなく、どうにかグループの一員として認められている人のことなのです。

欠点があって周囲に迷惑をおよぼすこともしばしばなのに、まあなんとか大目に見てもらえるような愛嬌の持ち主といえるかもしれません。

すべての人の戯画ともいえる

では、そんな彼らのダメな部分とは？　たとえば遅刻の常習犯。ちゃんと余裕を見計らって起床しても、つい油断をして、玄関で朝刊を読みふけって時間に遅れてしまう――そんなオチのつくようなダメさ加減を発揮する。あるいは会話にうまく加われず、文脈にそぐわないことを口にしてはその場をしらけさせてしまう。苦手な上司が相手だと、必ず同じ失敗を繰り返して怒鳴られる。方向音痴のくせに自覚がなく、いつも道に迷っては「そんなハズでは……」と首を傾げる。切符や入場券をどのポケットへしまったのかわからなくなって、改札口や入場口の前で毎回あわてるなどなど。

なるほど、彼ら自身もそういったダメさ加減に困ってはいるものの、周囲の期待に応えるかのように「案の定」また失敗をする、といったニュアンスがどこか見え隠れするのです。

考えてみれば、彼らの失敗やダメさ加減はわれわれとまったく無関係な種類のものではありません。われわれだって、ときおり似たようなことをしでかしてしまう。そういった意味からすると、「ダメ人間」とは、すなわち私たちの戯画《きが》(注7)ないしはカリカチュア(注8)といえるかもしれません。

自虐的な発想から再び

一般に、「ダメ人間」とされる人たちは、予想以上に複雑な性格の持ち主が多いようです。おそらく、もともと迂闊だったり無防備なところはあったのでしょう。ならばそれを克服するといった方向で努力をしていけばよさそうなものなのに、ヒトの心はそうシンプルなものではないのです。むしろ欠点を自分のトレードマークとしてしまおう、コミュニケーションツールとして前面に押し立ててしまおう、といったどこか自虐的な発想へ向いてしまうことがあり、そんな心性がついには「ダメ人間」へと結実したのでしょう。

はるかに屈折している子どもたち

ひるがえって子どもたちを観察しても、やはりダメ人間（少々思いやりに欠ける言葉ですね）を指向してしまうタイプの子はいるようです。そういった点では、子どもとは大人たちが考えるよりもはるかに屈折して悩みを抱えた存在だなあと痛感することがあります。そして勉強のふるわない子どもたちのなかには、もしかすると無意識のうちに、勉強の世界においてわざわざ自分を「ダメ人間」のキャラクターへと押し込めている場合があるかもしれません。どこか違和感を感じつつも、「勉学はいまひとつダメ」といった姿こそが、本来の自分であると信じこんでしまっているわけです。

指摘による現状認識が出発点に

自ら「ダメ」を選択してしまう人

人間とは悲しいものです。まことに些細なことから自分のイメージを勝手に自分で決めつけてしまい、するとそれにふさわしい思考や振る舞いが身につくようになり、次第にそのイメージに「磨きがかけられて」いくといった現象がしばしば起きるようなのです。

前項で、「ダメ人間」の話を書きましたが、ダメ人間であるということは能力とか性格の欠陥を意味しているのではなく、むしろダメ人間という生き方を無意識のうちに選択している場合が少なくない、というのが私の意見なのです。

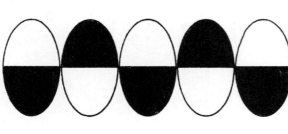

負け癖から鬱状態へ

精神科の外来を訪れる人たちのなかには、症状としてはいわゆるノイローゼだとか鬱に相当してはいるけれども、ここ最近やることなすことすべてが裏目にばかりでて、まったくツキに見放されている。そのうちに自分の不運さに感覚が麻痺してなにも感じなくなってしまい、その無感覚状態を補うかのように精神症状が出現してきた——そんなヒトたちが稀ならずいらっしゃいます。

私が彼らに冗談めいた口調で「いささか負け癖がついて、そのダメ押しで心がダウンしてしまったみたいですね」と申しますと、大概は深く頷《うなず》いてくれます。「負け癖」といった言葉が、結構彼らの不全感といいますか不条理感を代弁してくれるところがあるようなのです。

反復により断てない悪循環

小学生のうちから負け癖がついてしまう子どもがいます。寂しい話ですが、事実だから仕方がありません。

負けることが反復されるから負け癖となる。ポイントは「反復」という箇所です。ものごとは、反復されることによってたとえそれが不快なものであっても「馴染み」が生じます。慣れ親しみ、あって当然の存在となっていきます。それどころか、むしろそれを求めるようになってくることすらある。慣れ親しんだものの不在は、不安感や欠落感につながってくるからです。

さらに、反復は一種のリズムに似た影響力を及ぼします。理性よりも感覚において、さらなる反復を期待させる作用がともないかねません。ある種の酩酊作用が生じるわけです。

言葉による指摘で糸口を

負け癖は、悪循環を形成しがちな側面において、「ダメ人間」というキャラクターの成立過程に類似したものがあります。そしてそのような悪循環を断ち切るには、現状をきっちりと「言葉によって」モニターする必要があります。早い話が、もし自分の子どもが負け癖に陥っていたり、あるいは勉学の世界においてダメ人間といったキャラクターに甘んじている気配があったなら、それはきちんと指摘してあげることが必要だと思うのです。たとえ子どもであろうと、小学校も高学年になれば心理のメカニズムについての説明を理解することは可能なはずです。

現状認識までいけば、あとは技術論の段階です。勉強がわからないのなら、どこがわからないのか、どこまでならわかるのか、さもなければわかる・わからないの区別もわからないのか、そのあたりを明確化させることを出発点に、教育技術のプロと相談すべきでしょう。

子どもといっしょに登山をして達成感を与えるとか、なにかを成し遂げさせて自信を与えるといったことを糸口に学業不振からの脱出をはからせようと考える親がいます。それもまたひとつの誠実な手段ですが、「指摘」に対する子どもたちの理解能力は、われわれが真摯に向き合って説くかぎりにおいて、けっして低いものではないというのが私の考えなのです。

理屈をそのまま受け入れられない心

紙芝居のシステムに当惑

昨今の小学校では、紙芝居なんて、もはや「過去の遺物」となり果てているのでしょうか。

五年生のころに、授業で紙芝居を作ったことがありました。夏休みの宿題だったような気もするし、記憶が少々あいまいなのですが、とにかく画用紙で紙芝居を制作しました。

まずストーリーを考えねばなりません。それから画面を五つくらい想定して、そこに話を割りふる。文章も絵も自分で作らねばならないし、結構高度な作業となるわけです。

私は体育がまるで苦手でしたが、そのぶん物語を考えたり絵を描くのは得意でしたから、楽しみながら制作を進めることができました。発表会ではきっと自分の作

品が一番だろうと、自信満々だったものです。

さて、途中まで制作は順調だったのですが、意外なところで私は自分の弱点に気付いてしまったのでした。

あらためて述べるほどのことでもありませんが、紙芝居では絵とナレーションとが不可分です。そして絵が全部で五枚だとすれば、一枚目の絵のためのナレーション原稿は五枚目の絵の裏側に記されます。二枚目の絵の原稿は一枚目の絵の裏に記されます。出番を終えた絵は順ぐりに手前に重ね合わされていくわけで、すなわち観客へ見せている絵と、それのためのナレーション原稿が裏に描かれた絵とは同一ではない。当たり前の話です。

納得できない気持ち悪さ

小学生だった私も、そのことを理屈ではわかっていました。にもかかわらず、n番目の絵の原稿が（n—1）番目の絵の裏に書かれているという事実が、感覚的に受け入れられなかったのです。気持ちが悪いというか、落ちつかないというか、なんだか不安な気持ちにさせられて納得がいかなかったのですね。

そんな次第で、私は三枚目の絵のナレーション原稿はそのまま三枚目の絵の裏側に記すといった、まことに間抜けな方式で紙芝居を作りあげました。それではイケナイということはじゅうぶんに承知していたものの、絵と原稿とが別々になってしまうことが嫌でたまらなかったのです。

上演の結果は…

で、実際に教室で紙芝居を演じてみることになりました。クラスメイトたちは次つぎに絵を手前に重ね合わせつつ、スムーズに話を進めていきます。演者の顔はつねに絵の裏側に隠れたまま、物語は進行していきます。

しかし私が演じるときには、一枚の絵が終わって次の絵に移るときに、私の顔が観客に曝されてしまうわけです。いちいち絵を引っ込めては、次の絵をあらたにまた起こし直さねばならないのですから。

これでは物語が寸断されてしまいます。興醒めです。流れをせき止めては、そのたびに私の顔が現れるという繰り返しになってしまうのですから。

おかげで、わが作品の上演は成功とは程遠いものとなってしまいました。まことに苦々しい体験でした。

やがて算数で「n番目に相当する数はいくつか答えよ」とか、植木算の類で私は苦労することになりました。これらの問題は、どうもイメージ的に紙芝居のnと（n－1）に共通したものがあって、気分があやふやになってしまう。理屈はともかく、解答にまったく自信が持てないのです。

こうした傾向はいまでもつづいています。理屈を素直にそのまま受け入れられる人は、私にとっては天才です。

自分の思いを言語化するむずかしさ

印象的な四葉のクローバー

診察室で面接をした女性の患者さんが、胸にクローバーをデザインしたブローチをつけていました。懐中時計の文字盤くらいありそうな大きなブローチだったので、妙に印象に残りました。

クローバーはしばしばデザインのモチーフとして使われますが、必ず四葉のクローバーです。幸運の象徴とされているのですから、当然のことでしょう。

さて、小学校の理科では、植物の観察というのがあります。そうして、めしべが何本あるかとか、花びらが何枚あるかとか、そういったことで植物が分類されることを教えられます。これが私にはまるで理解できなかったのです。

花びらが何枚あるとか、そうした事実が普遍的であるのを前提として分類はなされるのでしょうが、私の頭には四葉のクローバーのことが思い浮かんでいたのでし

た。

分類の根拠に感じる疑問

珍しくはあれども、四葉のクローバーはときおり見つけだせます。では四葉のクローバーは三葉のクローバーと別な種類として分類されるのかといえば、そんなことはありません。どうもこのあたりが、幼い私にとって「つまずき」の原因となったようです。四葉のクローバーの存在から類推するに、分類の根拠に、信頼性とか普遍性とか必然性とかを感じられない。

　そのあたりをきちんと言葉にして教師へ質問をすればよかったのです。しかし、子どもにとって、割りきれなさをうまく言語化して質問の形にするのは容易ではありません。結局、もどかしい気持ちを抱えたまま、観察の授業はまったくリアルなものとして自分には感じることができずに終わってしまったのでした。

わからないこと、腑に落ちないことをちゃんと疑問文にまとめあげる能力があれば、あとは自分なりに尋ねたり調べたりすることが可能となります。解決への努力を重ねられる。がんばりようがある。おしなべて成績のふるわない子どもは、がんばろうとしても、どうがんばってよいのかに困惑しているレベルにとどまっているものなのです。

そういった意味で、国語の力がきわめて大切といえましょう。表現力と言いかえてもよいかもしれません。

友人から答えが…

そもそも世の中には、自分が言いたいことにぴたりと対応するような言葉が存在しているとはかぎりません。したがって、いくつかの表現を組み合わせたり、比喩を使ったり、せいぜい「当たらずとも遠からず」といった言葉でお茶を濁すことになります。

ボキャブラリーが貧困ですと、自分の思いをうまく伝えられないまま安直に妥協してしまうか、「どうしてわかってくれないの？」と苛立つか、「どうせダメだ」とあきらめてしまうか、そのいずれかとなって心が荒んでしまいます。

アニメ化された「ゲゲゲの鬼太郎」で有名な漫画家の水木しげる氏のことで、こんな記憶があります。私は彼の名前を目にするたびに、なんとなく感じていたことがあるのですが、それがなんだかはっきりしなかったし、あらためて考えてみることもなかった。それがある日、友人が感無量といったようすでつぶやいたのです。

「水木しげるって名前は、実に瑞々《みずみず》しい感じだよなあ」と。

それを聞いて、私は自分のイメージがきちんと言語化された充実感を覚え、また他人も自分と同じことを感じていたのだなあと一種の満足感を覚えたのです。

友だちづきあいの大切さのひとつは、おそらくこうした言葉の体験にあるに違いありません。

ニセモノだからこそ感じる魅力

「ケータイごっこ」ができるわけ

いまどきの子どもたちは、夜に塾から帰るときに不用心だからとか、そんな理由ゆえに、小学生のうちから携帯電話を持たされているのでしょうか。それともまだ早いからと、一定の年齢になるまで携帯電話は禁止されているのでしょうか。

ある先生から聞いたのですが、器用だけれどいささか変わり者の子がクラスにいて、夏休み明けに工作を持ってきました。彼の作品は、携帯電話でした。

電話といっても、実際にはまったく機能しません。紙粘土でこしらえた原寸大の携帯電話で、ボタンもちゃんと立体的に作ってある。絵具でていねいに塗られ、2台1組になっている。形だけの電話なのでした。

先生は、近ごろの子どもたちはシニカルだから、きっと彼の「形だけを模した」携帯電話を馬鹿にするだろうなと思ったそうです。ところが実際には、クラスメー

トたちがさきを争って紙粘土製の電話を借りたがったのだそうです。いかにも本物を使っているようにケータイを耳にあて、「もしもし！」としゃべりたがる。互いに紙粘土の携帯電話を構え、顔が見える距離で「ケータイごっこ」をして喜んでいたのだそうです。

その話を教えてもらいながら私は、携帯電話を手にしてしゃべる真似をすることは、たんなる通信といった機能とは別に、きっと触覚とか手応えとかのレベルで満足感を覚えるものがあるのではないのだろうかと考えたのでした。つまり、身体感覚として、携帯電話という形を耳に押しあてること自体が、快感をもたらす。だから「ケータイごっこ」が成立したのではないだろうか、と。

非日常の喜び

おそらく子どもたちは、本物の携帯電話の代用品として紙粘土のケータイを喜んだわけではないでしょう。実用品としての機能よりも、想像力を刺激し、身体感覚を刺激し、ほんの少しだけ非日常的な気分を与えてくれるオブジェとして、彼の「ニセの携帯電話」に夢中になったのではないでしょうか。

小さかったころ、押し入れに隠れて息をひそめながら、そっと襖を細く明けて部屋を眺めてみると、見慣れているはずなのに室内がふだんとは違って見えて胸がドキドキした経験があります。似たような体験は、大概の人が味わっていることでしょう。

紙粘土の携帯電話で遊ぶことも、押し入れに隠れて遊ぶことも、たぶん日常からほんの少しだけ離脱するといった意味で、深いところでつながっているような気がします。

「当たり前」を嫌う子ども

さて、子ども時代の私は、与えられた勉強机に向かって勉強をするのが大嫌いでした。机の前に座ると、たちまち「やる気」が失せてしまう。退屈でたまらなくなる。だからノートや教科書を持ってわざわざ茶の間へ行き、湯飲みや新聞や郵便物などでごちゃごちゃしているテーブルで勉強をしたがっていました。そのことが、どうやら大人たちには不思議でならないようなのでした。

せっかく勉強をする環境があるのに、なぜ勉強机を使わないのだろうかと首をひねる。しかし勉強机があるからそこで勉強をする、なんて当たり前過ぎることなんか、子どもは嫌がるものなのです。

どうせだから本物の携帯電話のほうが喜ぶだろうと、実際に携帯電話を与えればとりあえず子どもたちは珍しがったりおもしろがったりはするでしょう。しかし、本物でないからこそ胸がときめいたりすることもある。自室で勉強をしたがらない子の心性にも、似たようなものが潜んでいるに違いありません。

子どもだけのコミュニケーションツール

砂場のトンネル掘り

深夜、タクシーに乗りながらぼんやりとしていたら、急に子どものころの体験をありありと思いだしました。なぜそんなものがいきなり蘇ってきたのか不思議でなりませんでしたが、たんに窓から工事現場が見えただけのことが理由かもしれません。

砂場で遊んでいたときのことです。すでに私たちは、砂でなにかを作るときには湿っていたほうが崩れにくいことを知っていました。だから、わざわざ水をまいて砂を湿らせ、それからかなり大きな山を築いていました。

私と友人のFは、互いに向かい合って砂山へトンネルを掘り進んでいました。砂山の両側から手でまっすぐにトンネルを掘り進め、やがて真んなかで合流することによって貫通をさせようとしていたのです。

砂場でうずくまった姿勢となり、腕を伸ばして砂を掻き分けていく。相手の顔も姿も、砂山の陰に隠れて見えません。無言のまま、ふたりとも懸命に作業を進めていきます。

黙々と掘り進むうちに、なんとなく予感がしてきました。そろそろだな、といった気持ちが高まっていきます。手先の動きが、次第に注意深くなっていきます。

やがて、「いよいよだぞ」という思いが募り、ほどなく手先の感触がまるで障子紙を突き破るような気持ちに切り替わりました。と同時に、

「ずぼり」

といった手応えとともに、Fの湿った指先が私の指先とふれあいました。砂粒でざらざ

らし、また妙に生温かい彼の指が私の指先をまさぐります。

互いに指先をぐるぐる回して穴を拡張しながら、ついにトンネルが貫通したことをわれわれは実感していました。ちょうどトンネルの半分まで掘り進み、あとは相手の身体を感じることによって残りの距離を体感していたのです。

指がふれあう満足感

歓声をあげることもなく、私たちは達成感を味わっていました。互いに顔も見えないまま、手のさきが暗闇のなかでふれあっていることが喜びをもたらしていました。握手をするわけでもなく、ただ指がふれあっているだけで満足感がこみあげてくるのでした。

こうした体験が、いったいなんの役に立ったのか、それともただそれだけのことでしかなかったのか。それはいまもってわかりません。穿って考えれば、感性とか協調性といった文脈において大切な体験であったと主張することはできましょう。ただし、まあ大げさに言い立てるほどの話でもないようにも思えます。少なくとも、私は何十年も忘れていた体験なのですから。

心霊写真との共通点とは

とはいうものの、予感や触覚といったものにかかわる体験は、頭のなかで考えたり思った体験とは趣を異にするはずです。もっと身体に密着したものとして私自身に刻み込まれているに違いありません。

いきなり話が飛びますが、子どもたちは心霊現象とか怪談の類が大好きです。心霊写真など、つねに変わらず大変な人気です。なぜ彼らはこうしたものに惹かれるのか。

たとえば、心霊写真は視覚的体験に過ぎないはずなのに、実は予感とか触覚といったものに訴えかけてくる要素が多い。そういった意味では、案外と私のトンネル掘りの体験に近いスリルを与えてくれるのかもしれません。

心霊現象や怪談は子どもたちにとってコミュニケーションツールの色彩を帯びていますが、それは暗闇で互いに指をまさぐる体験に近いのでしょう。

「ひきこもり」という言葉にすがる親たち

「ひきこもり」に至る経緯

本書を読んでいるみなさんのお子さんたちは、まだ「ひきこもり」の危険年齢には達していないと思われます。やはり「ひきこもり」は、思春期以降の病理と考えられます。しかし、いまのうちからメカニズムを知っておくことはけっしてムダではないでしょう。

ひきこもっている子の親は、ため息をつきながら言います、「ひきこもりさえ、なんとかなってくれたらねえ」と。まさにそれが本音でしょう。が、その言葉にこそ、逆に問題があるのです。

そこへ至るまでの経緯が、「ひきこもり」にはあります。多くの場合、それは成績がふるわず親の期待に応えられなくなったという構図です。中学ぐらいまでは親の熱心さが成績にかなり反映するものの、高校になると本当の実力勝負となってく

る。そこで挫折をすると、深刻な自信喪失につながる。さらに「弱り目にたたり目」といった形で、イジメだとか異性問題などが絡んで「ひきこもり」へとつながっていくのです。

現実から逃れるための言い訳

本人は自尊心を守りつつ現実逃避をはかるために、しかも昨今では「ひきこもり」という選択肢が公認されている雰囲気にありますから、自室へひきこもってしまう。ただしそれで事態が解決するとはさすがに思っていないし、親への罪悪感もある。また受験戦争については、親に対する逆恨みもある。そこでときおり家庭内暴力をしめしたりして「荒れる」。

そんな子どものようすを目にして、当然のことながら親は困惑します。なんとか解決しようと努力するものの、うまくいかない。やがて、いままでの受験路線は、実は子どもにとって負荷が大き過ぎたことに気づきます。もっと現実に即して、目標だとか価値観だとかを変えねばならないことに薄々気付く。

ただし、それは理屈のうえではわかっても、なかなか認めづらいことです。ある意味では、子どもの目標のランクを落とし、夢をしぼめてしまうのですから。

現実を認めなければ「にっちもさっちも」いかない。だが現実を認めてしまっては「ミもフタもなくなってしまう」。そんな葛藤を逃れる手段として、「ひきこもりさえ、なんとかなってくれたらねえ」という言葉がでてくるのです。

解決には時間がかかる

「ひきこもりさえ、なんとかなってくれたらねえ」と愚痴るとき、問題の本質はすり替えられ、ひきこもっているという物理的な状態が取りざたされることになってしまいます。

認めたくない現実は、脇に押しやられてしまっているのですね。

したがって、無理やり子どもを部屋から引っ張りだすとか、熱血先生が本人を説得して外へ連れだすといった方法論はまったく意味をもちません。あえて辛辣な言い方をするなら、親も子も「ひきこもりさえ、なんとかなってくれたらねえ」という言葉のおかげで現実を保留とし、かろうじて体面を保っていられるのですから。

ひきこもっている子どもがでてくるには時間がかかります。年単位であることも多い。当然です。それまでの考え方や自己評価などを吟味し直し、現実を見つめ直さなければならないのですから。しかもそれを納得せねばならない。

親が「ひきこもり」という言葉にすがりついているうちは、問題は解決しません。受験や学歴社会へと強迫的にこだわる態度、狭い価値観、排他的な人間観から脱して、肩から力が抜けたとき、初めて子どもは罪悪感を抱くことなく自分なりのペースを、今後を、模索することが可能となるのです。

親が試される「子どもの万引き」

説明できない問題行動

先日、ＣＤを買いに行ったらレジで不備があったらしく、店をでようとしたら万引き防止のアラームが店内に鳴りわたりました。とりあえず動かずに立ち尽くしていたのですが、気恥ずかしくて参りました。お詫びにと、店員が買い物ポイントを余分に押してくれました。

万引きの話を、ときおり診察室で耳にします。たとえば離婚寸前の夫婦がいて、ひとり息子が先日補導された。目覚まし時計を万引きしたというのです。知らせを受けた母親が飛んで行きましたけれど、「目覚まし時計なんて、いくらでも買ってあげるわよ！　不自由なんかさせてないでしょ！」と叱りつけてしまったといいます。母親自身がパニックに陥ってしまっていたようでした。

別に息子は目覚まし時計がほしかったのではない。調べてみると、彼は家庭内で

の緊張が高まると、反射的に万引き――それもボールペンとかポケット判の英会話ガイド、折りたたみ式のレインコートなど、子どもがほしがるとは思えないものばかり――をするようなのでした。
早い話が、息子はちょっとした「悪」に手を染めてみることで、両親を揶揄し、不安感を託し、また捕まったときに親がどんな行動をしめすかを「試して」いたわけです。
こうしたときに、息子に向かって「どうしてこんなバカなことをしたの？ さあ、理由を言いなさい！」などと詰め寄っても意味はありません。おそらく本人も、たとえ説明をしようと思ってもうまく言えるはずがありません。うまく説明できるくらいならば、問題を頭のなかで整理し、こんなふうな行動には走らないでしょうから。

万引きの病理性をみる

万引きは、息子にとって屈折した一種のコミュニケーション手段だったわけですけれど、なぜ、よりにもよって万引きなのかと考えてみますと、これはもう万引きが普遍的な「不良の振る舞い」のひとつとして世間に定着しているからだとしか言いようがありません。なぜリストカットなのかとか、なぜ拒食なのかと問い詰めてもさして意味がないのと同じことでしょう。

成人した女性で、万引きを繰り返さずにはいられない人がいました。あるとき、持ち帰った品物はどうしているのですかと尋ねてみました。すると、まったく使っていない、しかし返却したり捨てるわけでもない、クローゼットの奥にしまってあると答えるのでした。そういえばさきほどの少年も、万引きした品々は新品のまま保管していたそうです。

「悪」の証である品々を、そのまま手をつけずに部屋に置いておくというのは、異物がいつまでも喉に引っ掛かっているようなものです。にもかかわらず、あえて保管しておくことで自虐的な満足感が訪れるのかもしれません。おそらく万引きという行為そのものよりも、品物をどのように処分したか（あるいはしなかったか）のほうが、本人の病理性をみるには重要なことと思われます。

親としての対処法は……

ところで、子どもが万引きをした、と店ないしは交番から連絡を受けたとき、親としてはどういった態度を取るべきなのでしょうか。すでに書いたように、本人を問い詰めたり理屈で責めても不毛です。言葉のレベルではあつかいあぐねる気持ちを行動へと託したのですから。

きちんと謝らせたら、あとはガミガミ言わずに肩をぎゅっと抱き、帰る途中でいっしょにケーキでも買えばよいのです。それ以上は不要です。われわれ大人は、あまりにも言葉がすべてだと思い込み過ぎているように思われます。

子どもの不思議な行動から見えるもの

知人の買いもの

知人が、いきなりアコーディオンを買いました。結構高価な楽器です。鼻の下を伸ばして得意そうに見せてくれるので（まだ演奏はヘタなので披露してくれませんでした）、どうして、よりにもよってアコーディオンに挑戦しようとしたのかと尋ねてみました。

最初はピアノをやってみたかったのだそうです。中年になっていきなり楽器にめざめたとのことでした。しかしいまや中年男のピアノ演奏は結構流行っているらしい。そうなると新鮮味に欠けるし、ライバルが多くなる。

そこで、同じ鍵盤楽器ということで、あえてアコーディオンにしたらしい。ピアニカだってよかったわけですが、値の張る楽器を操るほうが中年男としてはうれしいのです。

蘇った記憶

アコーデオィンの蛇腹《じゃばら》（注9）を眺めているうちに、奇妙な記憶が蘇ってきました。

おそらく小学六年生のころです。私は意味もなく毎日イライラしていた時期がありました。勉強も投げやりになり、字はひどく乱暴となり、ノートにはむやみと落書きが増えました。

ある日、級友のMに用があったので、掃除の時間に話をすることにしました。たまたま背中を向けて立っていたので、声を掛けつつ背中を突っつきました。するとMは、どうも背中を突っつかれたことが気に障ったらしく、ひどく不愉快そうな表情で振り向きました。

その不快げな表情——ことに眉間に刻まれた縦皺が、私の神経を逆撫でしました。おかしな話なのですが、Mの眉間の皺から、私はアコーディオンの蛇腹を連想しました。そして、双方が似ているからおもしろいとは感じずに、似ているからこそ腹立たしくなったのです。

彼としては迷惑このうえないことでしょう。言いがかり同然なのですから。けれども私は、アコーディオンの蛇腹とMの眉間の皺とが類似していることが、わけもなく許せない気分だったのです。ふだんのイライラがターボ加速された気分でした。それがために、しばらくの間、機会があるごとに私はMに意地悪をしていました。いわば「イジメ」です。周囲を煽動して追い詰めるようなことはしませんでしたが、彼としては不条理きわまりない気分だったことでしょう。

原因は自分のなかにある

もし、事態に気づいた先生が私を呼びだして「なぜMにしつこく意地悪を重ねるんだ？」と問い質されても、おそらく答えることはできなかったでしょう。なにしろ「あいつの眉間の皺がアコーディオンの蛇腹に似ていたから」なんて言っても説明にはならないのですから。

黙っている私に、先生は困惑したに違いありません。理由もなしに意地悪をするなんて理解しかねることでしょうから。

当時の私の気分を、大人にもわかる論理として整然と解き明かすことはいまでも困難です。おそらく眉間の縦皺と蛇腹との類似にいらだったのはまさに私の気分が「腹立ちの準備状態」にあったからに過ぎません。気分が穏やかなときだったら、むしろユーモラスな発見とみなしたに違いないのですから。

子どもの行動はしばしば不可解です。しかし、それは本人にも説明が困難で、とはいうもののまったく無根拠というわけでもないところに彼ら自身の鬱屈があるように思われます。

子どもなりに持っている複雑な精神構造

パン屋の子どもの同級生がいた

小学校六年生のとき、同級生に肥った女の子がいました。美人とは言いがたく、全体に暗い雰囲気で、友人も少なく、勉強も運動も冴えませんでした。ことさらイジメの対象にはなっておらず、しかし、どちらかといえば、孤独な立場におかれているようでした。

彼女の家は商店街でパン屋を営んでいました。看板にはなぜか「サンドウヰッチショップ」と書かれていて、どうして素直にパン屋とかベーカリーと書かないのかと奇妙に思っていました。味はなかなか美味くて、とくにカレーパンが私のお気に入りでした。

店の手伝いを、彼女はときおりしていました。店番をしているところを通りがかったことが何度かありました。別にえらいなあとか感心だなあなどとは思いません

でした。

ただし、彼女はひどくつまらなそうな顔つきで店に立っていました。もともと愛想のある雰囲気の子ではありませんでしたが。

気まずい雰囲気のなかで…

ある日、くだんのサンドウヰッチショップへ買いものに行くと、彼女が店番をしていたのです。夏休みのことでした。

ふだんなら、彼女が店にいたら絶対に近寄らなかったでしょう。友だちでもないのに、互いに気まずくなってしまうことは目に見えています。そんな面倒は避けたいのが当然です。

ところがその日にかぎって、私はプールのことでも考えていて油断していたのです。パンを並べたガラスケースの前に立ってふと顔をあげると、あの肥ったクラスメイトが店番をしているではありませんか。「しまった！」と思ったもの、いまさらあとには引けません。

観念して、ちょっとぶっきらぼうな口調でカレーパンをふたつとクリームパンとあんパンをひとつずつ、なんて注文しました。彼女は黙ったまま紙袋にパンを詰めました。いくら払えばよいかはわかっていたので、ぴったりの額を手渡しました。彼女はろくに確かめもしないで受け取りました。

立ち去るときに、彼女は私の背中へ向けて小さな声で「ありがとうございました」と言いました。その声は、かなり無理をして、あいつに声をだすのは気が進まないがやはり客だからなあ、といった逡巡がありありと感じ取られるトーンでした。

説明することのできない感情の流れ

なんだか、ひどく疲れた気分になってしまいました。おそらく彼女のほうも、うっとうしい気分だったことでしょう。互いに気があるとか、意識している男女といったシチュエーションではなかったのですし。

家に帰ってからも、せっかくのパンを食べる気があまり起きませんでした。彼女は家の手伝いとして店に立っていたのだし、こちらはたまたま買いものに訪れただけで、どちらも恥ずかしいことをしているわけではない。それなのに、あの気まずさや気恥ずかしさはどういうことだったのだろう。

いつもと違って私がカレーパンを食べようとしないので、親はさかんに不思議がっていました。悩みでもあるのか、と質問までしてきます。しかし、自分の気持ちをしゃべる気になったとしても、あの感情の流れを適切に言葉にできたとは思えません。

子どもは子どもなりに、結構こみいったり複雑な精神生活を送っているものなのです。

言いようのない罪悪感にとらわれるとき

学校で夜光塗料が流行

学校の正門の向かいに、文房具屋が店を開いていました。ノートや鉛筆、絵の具や定規の類のほかに、体操着や体育館履き、プラモデルやお菓子まで売っていました。間口の狭い、汚い店で、学校が休みの日にも律儀に商売をしていました。

なぜか夜光塗料が学校中で流行ったことがあり、その店だけで夜光塗料は売られていました。親指のさきくらいの大きさのガラス瓶に、妙に水っぽい塗料が入っている。これを筆で塗りつけて暗い場所で眺めると、確かにぼおっと蛍光色を発して光るのです。

ただし、夜光塗料は薄くて水っぽいので塗りにくい。じゅうぶんに光らせるためには、よほど念入りに厚塗りをしなければならない。すると、たちまち一瓶では足りなくなってしまうのでした。

近づいてくるロボットのような影

店番をしていたのは人のよさそうな老婆で、子どもたちのなかには万引きをするような子もいたわけですが、けっして学校へクレームをつけたりはしなかったようです。子ども好きで、店がまえや服装からすると生活は貧しいようでしたが、まったく苦にしているとは見えませんでした。まれに夫であろう老人が奥からでてくることがありましたが、動作がのろく、しゃべるときには舌がもつれていました。おそらく脳卒中を患っていたのでしょうが、小学生のわれわれにはそんなことはわかりません。「あそこのジジイは頭が弱い」などと笑いものにし、おつりの計算がうまくできないのをいいことに、ときおりつり銭をごまかしたりしていました。

さて、ある日、私はひとりで道を歩いていました。日曜日の昼下がりでした。ふと気がつくと、向こうから人影が近づいてきます。ものすごくゆっくりしたペースで、のろのろと歩いてきます。いや、歩く動作とは少々違う。足を地面に引きずるようにして、杖の助けを借りながらずるずる音をさせて近寄ってくる。

そのころ、私はモーターとクランクを応用したロボットの模型を作るのに夢中になっていたので、向こうから来た人物の影を見て「まるでロボットみたいだな」と思ったことを覚えています。

老人と靴の異質さにショックを受ける

距離が縮まり相手の顔が見えたときに、やっと気がつきました。あの文房具屋のおじいさんだったのです（実はまだ六十代くらいだった気もするのですが）。彼は私のことなどまるで存在していないような顔つきで、よたよたずるずると必死に歩いている。そして彼の足元を目にしたとたんに、ショックを受けました。汚れてシワだらけの寝間着に、暗い色の羽織を着たその老人は、真っ白な体育館履きで杖をつきながら歩いていたのです。爪先の部分が黄色く塗られた安物のズック靴です。

歩行が心もとない老人にとっては、子どもたちが使っているのと同じ体育館履きで歩くのが最も安全なのでしょう。しかしその靴のまぶしい白さと、老人の雰囲気や服装とはまったく異質です。大人が幼稚園児のビニール鞄を下げているかのようなちぐはぐさが感じられます。

そのとき私は、言いようのない罪悪感に駆られました。自分を小馬鹿にするようなガキどもと同じ体育館履きを履かなければならいなんて、それは老人にとってどれほど屈辱的な体験なんだろう?

私は悪ガキの側としてどうしようもない切なさにとらわれ、翌日になってもまだ沈んだ気持ちのままでした。

「思い込み」と「現実」のギャップに困惑

水銀鉱山の鉱夫を夢見る

セイウチの出産をテレビで見たことかあります。寒々とした浜辺で、セイウチがもぞもぞしていたかと思ったら、身体の下からぐにゃぐにゃとした袋状のものがでてきました。羊膜に包まれた子どもだったのです。

羊膜は表面が金属のような光沢で、周囲の灰色をした風景を映しだしています。やがてその膜を破って子どもが姿を現しました。

画面を眺めながら私は、セイウチのことではなく水銀のことを思い起こしていました。小学生のころ、鉱山で水銀が採掘される光景を想像してみたことがあります。幼い私の考えでは、水銀は精製された液体状の金属として、そのまま地中からでてくるのでした。

すなわち、鉱夫がツルハシで山の斜面を穿っていると、地中で水たまりのように

なっていた水銀を掘りあてる。すると、まるで湧きでるようにして銀色の液状金属が、にゅるにゅるとあふれだしてくる。それを素早くバケツかなにかですくい取る。と、そのような光景を脳裏に描いていたのです。

なかなか魅力的な光景だと感じられました。自分としては、水銀鉱山の鉱夫として働いてもよいと思いました。日本一の水銀堀りとして名を馳せるのも悪くなさそうです。

やがて、水銀はアマルガムの状態で採掘されることを知りました。赤茶けたような、薄汚れているとしか思えないようなつまらぬ岩が水銀の鉱石だと教えられ、がっかりした覚えがあります。

そのような調子で、子ども時代の私は世間

を勝手に解釈していました。自分の思い込みと現実との落差は著しく、四十年以上経ったいまでも、そうしたギャップは埋め切れていない気がします。

宝物にしようと決めた水銀

ある日、体温計を振っていたら机の角にぶつけて割ってしまいました。当時は電子体温計なんてありません。ガラスに水銀を封入したものが一般的でした。割れてしまったので、水銀が小さな粒になって飛び散りました。あわてて薄い紙を持ってきて、そこに水銀の粒を拾い集めました。

粒と粒とが互いに融合して、すぐに大きな粒になります。紙を傾けると、表面を波打たせながら形をゆがめます。とてもおもしろいうえに、きらきら光ってきれいなのです。

宝物にしようと決め、紙に包んだまま引きだしへしまっておきました。なにかおもしろい利用法でも思いつくかもしれない、などと考えてもいました。

その時点ではまだ、水銀はそのままの姿で採掘されると信じていたので、植木鉢の土に水銀の粒を埋めてみて、鉱夫になったつもりで掘りだしてみようか、などと思ったりもしていました。

たくさんの宝物がつまった引きだしのなか

引きだしのなかには、水銀以外にもさまざまな宝物が放りこまれていました。たとえばテレビの形をした鉛筆削り。裏側にのぞき穴があって、ピサの斜塔やピラミッドや自由の女神のスライド写真が見えるのでした。小指のさきくらいの大きさのハーモニカとか、少年探偵団のバッジ、外国のコインなどなど。端の欠けたプリズムもありました。

ある日、久しぶりに水銀で遊ぼうと引きだしを開けて包みを取りだしました。が、いつの間にか中身はからっぽになっていました。水銀が蒸発してしまうことを知ったのはそのときなのでした。

注

注4……**奇矯**《ききょう》（P46）／言動が普通と違っていること。また、そのさま

注5……**牽強付会**《けんきょうふかい》（P47）／道理に合わないことを自分に都合のいいようにこじつけること

注6……**江戸川乱歩**（P54）／えどがわ・らんぽ／推理作家。明治二十七年生まれ、昭和四十年死去。三重県名張市出身。本名、平井太郎。大正十二年、「二銭銅貨」でデビューし、後に探偵小説界のトップに立つ

注7……**戯画**《ぎが》（P60）／誇張したり風刺を交えたりして描いたこっけいな絵。ここではそのさま

注8……**カリカチュア**（P60）／caricature／英語。注7と同義

注9……**蛇腹**《じゃばら》（P91）／アコーディオンの胴体の伸縮する部分など自在に伸び縮みする仕掛けのもの

第三章

子どもの勉強法を再確認してみませんか?

普遍性をさぐるのが勉強の本質

子どものころに感じた不満

小学生のころの勉強を思いだすと、いつも不満に感じることがあります。それは、「理由」とか「必然性」などをまったく重視しない教え方に対する不平なのです。

たとえば理科の授業。私にとって、植物の分類といったものがいまひとつ判然とせず、どうにも面倒なイメージしか湧いてきませんでした。もし自分が花や草を分類するとしたら、どんな基準に従うか？　おそらく、黄色い花とか赤い花といったぐあいに分類をするだろうし、丈の高さとか葉の形といったもので区分けをするでしょう。少なくとも、道を歩きながら植物の名前を言い当てるとしたら、そうしたものを目安にするに違いありません。

ところが実際には萼《がく》の数とかおしべやめしべがどうのこうのといった分類がなされます。この必然性がピンときません。ダリアもコスモスも同じキク科であること

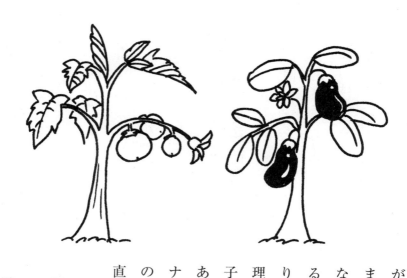

が、私には心の底から「なるほど」とは思えません。ススキがイネ科であることはなんとなく納得がいきますが、トマトがナス科であることは突飛に過ぎます。イメージの落差よりも学問的必然性が重視されるのなら、その理由や経緯をきちんと解いて聞かせなければ子どもたちは困惑するばかりでしょう。そのあたりをなんら不可解に感じずに「トマト＝ナス科」と頭にメモリーできる生徒は、当面の成績は優秀であっても、やがて伸び悩みに直面するに違いありません。

「なぜ勉強が必要か」の疑問

子どもたちがある程度成長して自我が芽生

えてくると、いろいろと生意気なことを言い始めます。勉強についても、親に勧められるがままに素直に机には向かわなくなってくるでしょう。そしてこんなことを言います。

「受験勉強なんかしたって、実際に世の中で生きていくためにはなんの役にも立たない。むずかしい計算式を使ってお釣りを払ったり、理科の知識を総動員して風呂を沸かす人なんかいないのだから。勉強ができてもコンピュータやメールを扱えないほうがよっぽど問題じゃないか！」と。

不勉強では生き方に限界が

最低限の生活を維持していくためには、なるほど、小学校の成績が「そこそこ」といった程度でじゅうぶんに違いありません。ある種の「狡さ」とか「裏技的知識」を身につけたほうが、よほど要領よく世間を渡っていけるかもしれません。

ただし、そういった生き方には所詮は限界があります。志の高い生き方、毅然とした生き方をするには力足らずの人間になってしまいます。その場しのぎの視野の狭い人間にしかなれません。

「必然」の経緯を理解させたい

勉強とは、結局のところ森羅万象の普遍性を探っていくことに本質があるのではないでしょうか。

植物を分類するのに、花びらの色で分けていってはピンクの花はどっちつかずになってしまうし、色違いの変種があると困ったことになってしまう。葉の形や丈の高さについても例外事項がいろいろでてくる。そこで系統学的な必然性から、生殖器官であるおしべやめしべが分類の重要な指標となったりするのでしょう。そのような経緯を理解しているか否かで、子どもたちの勉学に対する意欲はまるで違ってきます。

ゲーム感覚で小手先の受験技術を覚えることも大切ですが、理由とか必然性にもっと目を向けた授業こそが子どもたちには与えられるべきです。

完全無欠なカンニングペーパー

誰でも弾けるキーボード

ジャイアント馬場というプロレスラーがいました。おそらく成長ホルモンの異常で、二メートルを超える長身を武器にしたレスラーでした。私生活では案外とインテリで、読書を好み、司馬遼太郎(注10)の本が好きだったそうです。

昭和五十四年に、このジャイアント馬場を起用したコマーシャルがテレビで放映されました。電子キーボードの宣伝で、この楽器にはひとつの特徴がありました。すなわち、キーボードの本体にはいくつもの曲がメモリーされていて、たとえば『黒猫のタンゴ』を選曲すると、鍵盤それぞれに割りふられた小さなランプが曲の進行とともに点滅していきます。そこで、そのランプが点いた鍵盤を押していけば「誰でも」曲を演奏することができる。たしか「僕にも弾けた」というコピーとともに、ジャイアント馬場がうれしげに、たどたどしくキーボードに向かって演奏をしている画面が流されていた記憶があります。

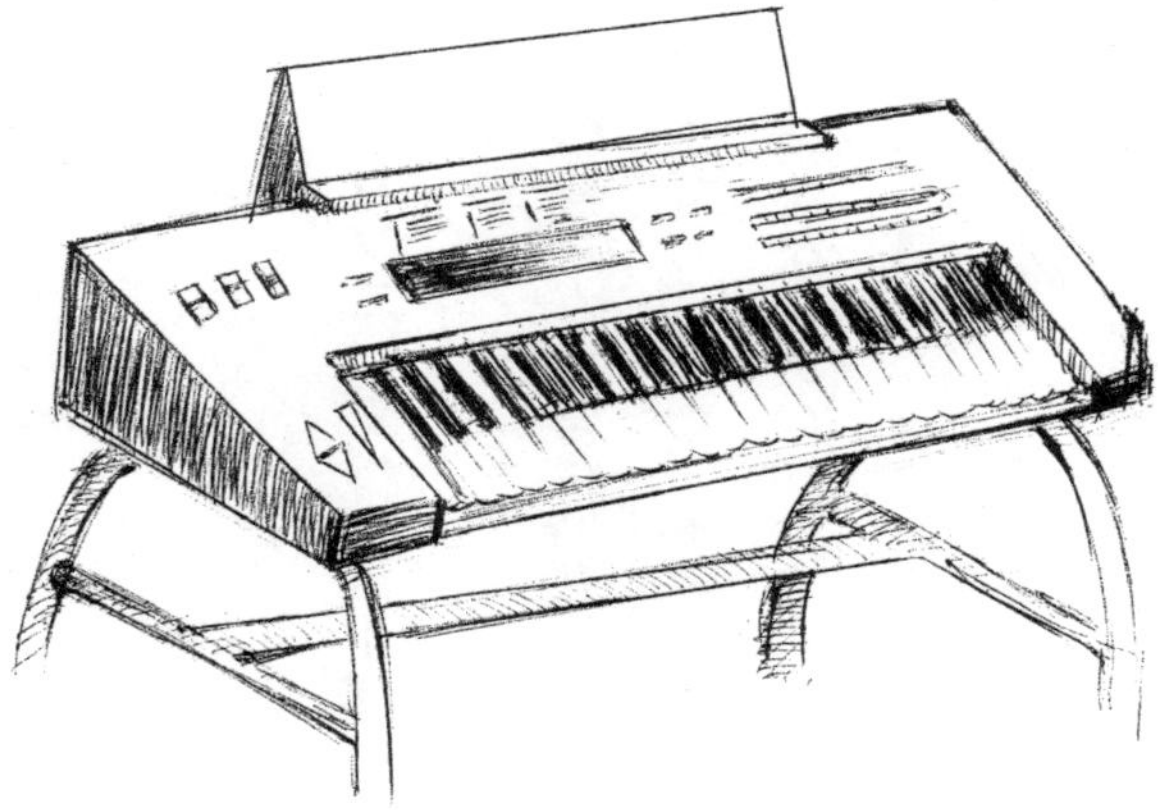

カンニングの発想に似ている

私はこのコマーシャルを見て、なんて下らない仕掛けなんだろうとあきれてしまったことを覚えています。まず、光ったランプに対応した鍵盤を素早く押すにはかなりの反射神経を必要とします。相当にテンポの遅い曲でも、微妙にリズムが狂っていくことは必至です。しかも次にはどのランプが光るのかと待ち構えながらキーボードと対峙しているなんて、音楽を楽しむこととはまったく異なる性質に属している行為ではないですか。

繰り返しているうちに「身体で覚えられる」とか、とにもかくにも曲を弾く喜びを体感できるといった発想でこの電子キーボードは作られたのでしょう。

だが、私には、この仕掛けは試験のときのカンニングペーパーと大差のないような気がしたのです。

究極のカンニングペーパー作り

読者の皆さんは学生時代にカンニングペーパーなんて不埒なものを作った経験がありますでしょうか。私はあります。カンニングペーパーは、本気で作ってみれば、あれでなかなか奥の深いものであります。

おそらくカンニングペーパー作成のうえで最も留意すべきは、いかにコンパクトな内容にするかということでしょう。可能なかぎり簡潔にしなければ紙が大きくなって見つかる確率が高まってしまう。必要最小限をいかに的確かつ適切に書くかで勝負が決まってくる。となれば、ポイントを絞らねばなりません。そのためには自分の弱点がどこにあるかという見定めに加え、試験ではどんなところが問われそうかといった予測も立てねばならないでしょう。おまけに簡潔にまとめるためには、その事項をきちんと理解しておく必要がでてきます。

「その場しのぎ」はニセモノ

したがって、もしも完全無欠なカンニングペーパーを作成しうるとしたら、たぶんそのプロセスを通じて内容は頭に入ってしまっているし、書くという行為を媒介して数値や言葉も自然に記憶してしまっていることでしょう。換言するなら、究極のカンニングペーパーを作ることを目標に勉強を進めていけば間違いがない、といったことになるわけです。

中途半端なカンニングペーパー作りをしては、まさにその場しのぎの役にしか立ちません。私はジャイアント馬場のでてくるコマーシャルを見たときに、その半端なカンニングペーパーを見せられたような気分を覚えたのでした。

あのキーボードは、いまでは売られていません。

実用知識を学ぶことが勉強ではない

なぜ実用性のない勉強まで

相似という言葉があります。数学の領域では、「ある図形をそのまま一様に拡大ないし縮小したときに、他の図形と完全に重ね合わせられるときにそれを相似の関係という」ということになっています。

学習指導要領では、いつごろにこの言葉を習うことになっているのでしょう。中学生あたりでしょうか。小学校の高学年でもおかしくない気がします。少なくとも相似の関係は、かなり低い年齢であっても直感的には把握しているに違いありません。

さて、相似といった言葉が頭に浮かんだのは、「どうして勉強なんて退屈なこと

をしなくてはならないのか？　日常生活で方程式を使うなんてことはまずないし、光合成の仕組みを知らなければ暮らしを営めないわけでもなかろう。それなのに、なぜ無駄な知識や理解を強いられなければならないのか」といった、いつの時代であろうと子どもたちが思ってきたであろう疑問について、前項（Ｐ109）につづいて考えてみたかったからです。

その答えは案外むずかしい

勉強を実用性の観点からとらえるなら、こんなことをせずにさっさと実社会へでて世間の厳しさを体験したほうがよほどマシでしょう。微積分の解法を知っているよりも、株の変動についてその読み方を知っているほうがはるかに役に立ちそうです。どうして勉強なんて面倒なものが必要なのか？

こうした疑問は、「なぜヒトを殺してはいけないのか」とか「合意のうえでの売春は誰にも迷惑をかけるわけでもないのに、どうして悪いことなのか」といった類の疑問と同じで、まっとうに答えることは案外とむずかしいものです。こうしたテーマで子どもをきちんと説得することができる親がいたとしたら、これは相当な論客に違いありません。

世の中に見られる「相似の関係」

近ごろ私は、世の中というものは、その根本において「相似の関係」が成り立っていることが多いものだなあ、とつくづく感じるのです。

これはたとえばあるひとつのことを究めた人は、ほかの分野に転じてもすぐれた業績をあげやすいといった経験的な事実に通じる話です（それに鑑みれば、リストラといった事態にも、もっと気の利いた対応策が生まれてよさそうな気がしますが……）。つまりものごとの要領とかコツ、発想や判断といったものにはかなり普遍的なところがあって、だからさまざまな仕事はその営みにおいて相似な関係が案外成立するということです。

そうなりますと、最もコンパクトで応用が利きやすく、しかも抽象度が高いぶん、勉強といった形で知的活動のプロトタイプを子どもへ与えておくことはまことに理に適っている。早い話が、勉強の形でならば、あとでいくらでも「つぶし」が効くのですから。

円周率の不可解さをこそ

ひところ、円周率を三とするといった役所の方針が打ちだされて、世間が驚愕したといったエピソードがありました。これはまったく勉強ないしは基礎教育の意味を把握していないことをしめしていましょう。実用知識を教えるための数学ではないのです。円周率が三に近い値ではあっても永遠に終わることのない数値であるということこそが肝要なのであり、そうした不可解さを知ることもまた、勉強の意義のひとつのはずなのです。

もしも「どうして勉強なんて面倒なものが必要なのか」と子どもに問われたら、私は「世の中は相似したもので成り立っているから」と答えればよかろうと思ったのですが、おそらくその真意に気付くまでには、彼らはかなりの人生経験を必要とすることでしょう。

自己肯定感の得られる勉強法

自分を守るために

私は体育の時間が大嫌いでした。運動神経が鈍いこともありましたが、退屈でたまらなかったのです。

別に逆上がりができればうれしいなんて思ってもいなかったし、跳び箱で六段を飛べれば偉いなんてまったく考えていなかったので、少なくとも体育にかぎっては、一途さとか真剣さといったものを欠いていました。他人の前で運動神経が鈍いところを見せるのは屈辱以外のなにものでもありませんでしたが、走れば馬のほうが速いのだし、ジャンプをすれば猫のほうが見事だし、反射神経ならば蚊や蠅のほうが見事だと思っていましたから、内心、体育なんて小馬鹿にしていたのです。そのあたりを察知して、体育の先生はなおのこと私を目の仇にしていたようです。

多くの場合、運動音痴だとイジメの対象にされがちのようですが、マンガを描くのが上手かったり、学芸会の劇の台本なんかをすらすら書けたりすれば、それなりに一目おかれますから「みっともないヤツ」とは見なされずにすむのです。

ある意味で、私は傲慢さとか図々しさゆえに体育の時間を耐えていくことが可能だったわけでした。もう少し気取った言葉にするなら、自己肯定が可能だったから、といえましょうか。自己肯定と自信とは似て非なる言葉ですが、自己肯定には、自分の弱点や欠点を認めてなお、自分の取り柄を自覚するといったニュアンスが強いと思うのです。

成績不振のパターン

さて勉強がふるわない子どものなかには、成績を気にしてはいるけれども能率の悪い方法や気合いの入らないやり方で散漫な勉強をしているがために、いつしか勉強とは机の前にじっと座って苦痛に耐えることであると勝手に思い込み、その挙げ句「二時間勉強したから、まあいいや」といった調子で自分を誤魔化してしまうタイプが少なくないようです。

こうしたパターンに陥ってしまうと、どうも自己肯定感がなくなってしまいます。勉強は冴えないけれどもスポーツでは立つ瀬があるじゃないか、といったぐあいにはいきません。つねに勉強における不全感が心に残っていて、やることなすことどれも詰めが甘くなります。負け組のノリになっていってしまうのです。

ではどうしたらこのような状況を克服できるのでしょうか。

大概の場合、いま述べたような子どもたちは勉強の方法が形骸化しています。問題集を広げれば自動的に成績が上がるとか、丸暗記すれば試験はとおるとか、そういった考え方しかしません。勉強を無味乾燥なノルマとしかとらえていないのです。

自分なりの方法を見つける

たとえば算数ならば、代表的な問題の解き方をカードに書いてパターンになじむとか、解けなかった問題だけをコピーしてノートに貼って「オレの弱点集」といったものを作ってみるとか、「どこがわからないのか」をきちんと言葉に書き記してみることで徹底的に「わからない部分」の本質を突き詰めて、しかるのちに先生に疑問をぶつけてみるとか、方法の部分で工夫をしてみることが重要な気がします。他人から一方的に与えられた方法で勉強をしようとしても、それは苦痛となってしまうのがふつうであって、まずは攻略法を練るところで自分にフィットする戦略を見つけるという体験を得られれば、それが不全感からの離脱につながるような気がするのです。

成績のふるわない子どもは、勉強法が形式主義的ゆえに、知識が増え能力が高まっていくことに対しても喜びを覚えられない――それがために自己肯定にもつながらないのですね。

弱点に対する免疫力をつける

自分が苦手な問題だけを集めて「オレの弱点集」といったものを作ってみる、といったことを書きました。私は昔、そうしたことを実際に行っていました。問題集にチャレンジしたり、模擬試験などを受けていると、なんとなく自分が苦手とする設問には共通したトーンが存在することに気づいてきます。ということは、本番でそういった問題がでたらアウトということになります。少なくとも最初から逃げ腰になってしまって、解けるはずの問題も解けなくなってしまう可能性が高くなってしまうでしょう。

苦手な問題だけを自分でコレクションして（つまりノートに書き抜くということです）、それらをじっくりと眺め検討してみることによって、苦手意識に対して一種の免疫力をつけ、さらには自分にとってなにが苦手であるのかその本質を抽出しえるかもしれないと考えたわけです（もちろん、そこまで理屈づくめで考えたわけではありませんでしたが)。

では、そのことでどれだけ成果があがったか?

まず、苦手意識の根源を抽出してそれを克服するといったことは無理でした。まあそんな高度なことができるくらいならば、きっと「オレの弱点集」なんてノートを作成する必要なんかないでしょうから。ただし、「このノートには自分の弱い部分が封印されている。少なくとも、この内容になじんでしまうことで、はるかに試験には気楽にのぞめるはずだ」といった自信を持つことができました。そしてそういった意味では確かに免疫力をつけることが可能となったのでした。

焦って解決しようとしない

いまになって考えてみますと、こうした方法は神経症を患って精神科を訪れる人たちへの助言と似通っているのです。大概の場合、神経症の原因を特定したりそれを生活から除去することは困難です。ただし、どんなとき調子が悪くなるかとか、どんなときには比較的ぐあいがよいかといったことを本人なりに観察してもらう

と、どうやら自分の心に潜む問題点はこのあたりにあるのではないか、と見当がついてきます。では、そこで核心へ一気に切りこんでいくのがよろしいかといえば、必ずしもそうではありません。無理に核心を克服しようとすると、それには痛みがともないます。ときには途方もない苦痛を招いてしまう。そもそもそれが嫌だからうやむやにして、しかしそのことが気になるために神経症の症状が起きているのです。

そこで、せめて散漫な状態にある不安を整理し、あとはじっくりと解決を模索していきます。薄々わかっていることを焦って取り沙汰しても仕方がありません。問題はおおよそこの部分にありそうだと自覚しておけば、それだけで気分的には片づいたように感じることができます。対処がずっと楽にできるようになるのです。

コレクションの思わぬ効用

私は、コレクションというものには「癒し」の作用があると考えています。自分の苦手なこと、嫌なことに対して、むやみやたらとチャレンジしてもいまひとつ「とりとめ」がない。ただし避けていても仕方がない。そのかわり、苦手なことや嫌なことはコレクションの対象としてしまう。ひとまとめにしてしまえば、そこには共通したパターンが薄々見えてきて、生々しさよりもむしろ分類といったことに関心が向くのが人間の心理です。そして分類をすると、あとはもう不安感や恐怖感は薄れてしまう。それこそが理性の効用なのですね。

苦手な問題、敬遠したくなる設問はコレクションしてしまえ、というのが私の勉強法でした。

問題は多いほど解決の糸口がある

問題の共通点を見つける

私は、もはや狭い意味での勉強からは解放されています。問題集を開いて頭を悩ませたり、単語カードを持ち歩いたりする必要はありません。ただし、仕事のうえで口頭試問や小論文作成に準ずるような試練はいつも課せられています。

ちかごろは介護保険の関係でヘルパーさんたちが急増しています。介護に赴けば、さまざまな問題が生じてきます。そうしたトラブルのうちでも精神にかかわるものについて、ケース検討会に招かれることがあります。関係者がいろいろと経緯や試行錯誤を語り、最後に私がコメントを求められることが多いのです。これは実に消耗します。

なにしろ、なにか気の利いたことを言わないと格好がつかないのですから。曖昧なことは駄目。具体的かつ役に立つアドバイスをしないと収まりがつかない。しか

しそんなことを簡単に言えるようなケースならば、検討会など開く必要がないのですから、こちらも必死にならざるをえないのです。まさに真剣勝負ですね。

やがて私は、検討会の最後に必ず言い添える言葉を見つけました。それは、「困ったことがらは、ひとつだけでは頭が痛くなるばかりだが、複数になるとかえってあつかいやすくなる」ということでした。

もし自分が抱えている問題がたったひとつだけでしたら、これは喉に刺さった小骨のようなもので気になって仕方がありません。しかもなかなか解決がつかない性質の問題だと、実に精神衛生上よろしくありません。ところが似たような問題がもうひとつあったとしたら、そのふたつを重ね合わせたり比較してみることで、共通点や相違点が見えてきます。そして共通点のなかに、おそらく解決へのヒントが隠されているのです。

さらにもうひとつ似たような問題があったとしたら、これはもはや普遍性を帯びることになるでしょう。ひとつが解決すれば、残りも自動的に解決することになるだろうし、解決は不可能ということがはっきりしたら、それはそれでひとつの法則が確立したことになります。そういった意味で、視野を広くしてのぞむならば、困ったことがらは多いほど、整理分類というプロセスを経ることで解決へ近づくことができるわけなのです。

弱点克服の裏ワザを身につける

勉強の苦手な子は、間違えた問題や歯が立たなかった問題に対しては、もはや振り向こうとしません。苦手な問題であったからこそ、そこに自分の盲点や見逃しがちな点が伏在していることに気がつきません。テストで×がついたといういまわしい思い出だけに駆られて、拒否反応をしめしてしまいがちのようです。

多少気取った言い回しをするなら、成績のよい子ほど失敗に対して謙虚であるということになりましょうか。

勉強にせよ遊びにせよ、裏ワザばかりを子どもたちは知りたがります。まあこれは当然の話で、自分だけが知っているという優越感と、なんだか魔法の力でも得たような特別な気分を味わえるからなのでしょう。

表ワザ、つまり正攻法があるからこそ裏ワザといった邪道が成立するのです。裏をかくワザ、といった意味なのでしょうから。しかしほかのワザもあります。

表ワザも裏ワザも万人に共通なのであり、いっぽう個人それぞれにだけ通用する特殊ワザもあるはずです。A君にはA君なりの、B君にはB君なりの弱点やアキレス腱がある。そうしたものは、自分の失敗を寄せ集めて分析しないと見えてこない。当たり前の話です。ただしそれをきちんと行い対処すれば、他人からすれば、まるで裏ワザでも知ったかのように映るに違いないのです。

道草を喰う人生・最短距離を歩く人生

「なんとなくできちゃうタイプ」

今回は秀才の友人A君のお話です。

秀才にはいろいろなタイプがあります。それこそ人生を勉強に捧げているようなガリ勉君タイプ、遊びや趣味も含めて全方位オーケーな万能タイプ、パズルでも解くような気分で勉強を楽しむ余裕派タイプ、闘争本能を勉強に注ぎ込んでいる武闘派タイプなどなど。そしてわが友人は、そのどれにもあてはまらないのでした。強いて名づけるとしたら、「なんとなくできちゃうタイプ」といったところでしょうか。

A君は、驚いたことに授業中に眠くなったことがないそうなのです。言い換えますと、退屈であっても、だから眠くなるといった反応が起きない特異体質（？）なのでした。それゆえに、「まあせっかく先生が授業をしてくれるのだから」といち

おう講義に耳を傾けている。眠ったり注意が散漫になったりしない。そうすると、必然的に授業時間内に必要なことはすべて頭に入ってしまうのです。

だから彼は家ではろくに勉強をしたことがないのでした。予習も復習もしない。にもかかわらず、授業に遅れを取ることなどなく、もちろんもともと優秀ではあったのでしょうが、いつも好成績を収めているのでした。

つい最近、中年となったA君と会って食事をしました。彼は関西の商事会社で出世をしていたのですが、出張で上京したついでに旧交を温めたのです。そのときに「オレはつまらない会議でも眠くなったりしないんだ。だから会議の内容をしっかりと覚えていて、そのせいでみんなから重宝されるんだよ」と、至極当たり前のことでも話すように淡々と語っていたのです。

そうしてその話の流れで、学生時代には授業をちゃんと聞いていたせいで家ではほとんど勉強をしなくてもすんだのだと教えてくれたのでした。どうしてA君は小むずかしい小説ばかり読んでいたくせにあれほど成績がよかったのか。その秘密が、三十年目にしてやっと判明したというわけなのでした。

時間をどう活用するか

しかし、もしも私が眠くならない体質であったとしても、たちまち教科書に落書きをしたり、ノートに漫画を描き始めるであろうことは明らかです。結局のところA君は、退屈な場面であっても眠くならないといった性質に加えて、そこで生じた時間を前向きで生産的なものに振り向けられるだけの常識というか良識をもっていたわけです。

この常識だか良識こそが、彼に王道を歩ませる原動力だったのでしょう。逆に自分であったなら、いくら条件が整っていようともけっして王道を歩くことはなかったでしょう。そんな気すらしてしまいました。

王道ばかりが人生ではない

ただし、誰でも王道を歩けばよろしいといったものでもありません。授業中に眠ってしまうのではあまりに時間がもったいないけれども、漫画を熱心に描くことだって長い目で見ればムダではないはずです、たぶん。なんらかの創造的な活動へつながっていく可能性はあるでしょう。

ものごとには「最短距離」というものがあります。授業や会議では、きちんと気を引き締めて内容を頭に叩き込んでおけば、時間の使い方としては効率がベストとなります。つまり最短距離を歩むことになるのです。

けれども道草を喰いながら歩くこともけっしてムダではあるまい。そう考えなければ自分の立つ瀬がないなあ、と思ったのでした。

子どもには子どもなりの美学がある

計算用紙は贅沢をすべき

小学生のころ、塾で叱られました。算数の問題を解いていたときです。

「こら！　もっと紙を贅沢に使って計算しなさい」

当時は、広告チラシ（表だけ印刷してあるもの）の裏を利用して計算用紙にするといった習慣が珍しくありませんでした。節約が美徳であり、それはいまでも変わらないと思いますが、いくら節約をしてもそれがマイナス効果を招いては意味がありません。

私は小さな紙に、ちまちまと汚い字で計算をしていました。用紙から数式や数字があふれそうになると、あわてて字を小さくし、行を傾ける。その結果、とにかくごちゃごちゃと書きなぐる結果となってしまう。

こういったことをしていると、どうも精神衛生上よろしくないのですね。自分が

書いたものを見直しても、自分ですら判読しがたい。そのためミスを重ねたり、なによりもまずいのは、頭のなかまでもがごちゃごちゃと、まとまりを失ってしまいがちなことでした。

プロセスを大事に

大きな紙にきちんとした字で整然と計算をしていく。そのように心がけるだけで、能率も上がり、思考もすっきりとしてくるのでした。つまらぬ倹約などしても、かえってムダなことをしているだけだということを思い知ったのでした。

そのとき先生から教わったことは、紙の問

題だけではありませんでした。私はプロセスというものを軽んじていたのですね。途中経過なんかどうでもいい、とにかく正答さえだせれば、と。

私はなめていたのです。もし可能ならば暗算だけで答えを弾きだし、いきなりそれを答案用紙に書いたとしたらそれが一番カッコいいだろうと思っていたのでした。ていねいに途中経過を記していくなんて、みっともないと感じていたのでした。

ここで強調しておきたいのは、子どもには子どもなりの美学というかカッコよさの基準があって、しばしばそれは大人には考えがおよばなかったりするものだ、ということです。

「なじみ」か「新鮮さ」か

教科書のみならず参考書を読むときも、必ず赤鉛筆を片手にのぞみ、リズムをとるためにむやみとアンダーラインを引く友人がいました。ふつうアンダーラインは重要なところに引くものですが、彼の場合はまるで息づかいのように赤線が次つぎに引かれていくのです。そういう読み方をする者もいたのです。

すると別の学友（成績不良）が、彼の教科書を借りて、自分の教科書の同じ箇所へアンダーラインを引き始めました。驚いて、どうしてそんな真似をするのかと尋ねると、

「だって、赤線が引いてあったほうがいかにも勉強をしているみたいでカッコいいじゃないか。それに、あいつは成績がいいのだから」

と、わけのわからぬことを答えるのでした。いっぽう、私は赤線を引くのが大嫌いで、それというのも教科書から新鮮さが失せて勉強が退屈になることを警戒したのです。なじもうとするよりも、新鮮さが重要と考えていたのでした。

子どもは子どもなりに、突飛だけれども「論理的」なことを考えます。ただしその論理が世間に通用するとはかぎらない。そこがおもしろくもあり、また大人とのギャップの一因でもあるようです。

想像をふくらませて問題を解く楽しさ

小学生のころ〜通学途中の駅のホームで

小学生のとき、私は電車で通学をしていました。当時、利用していた電車は茶色と黄色でぬり分けられていて（いまはもう、そのカラーリングではなくなってしまいました）、新しい車両と旧式の車両とが混在して運行していました。

新型の車両と旧《ふる》い車両とは、ほぼ交互にホームへ入ってきました。新型車両のほうが、当然のことながらうれしく感じました。速度は同じはずなのに、新しいほうがスピードもでているように感じられました。

友人とホームで電車を待っているとき、旧い車両が来るとパスをしました。次は新型車両が来るだろうから、そちらのほうに乗ろうという算段です。しかしときおり、旧い車両がつづけて来ることがありました。必ずしも厳密に新旧の車両が交互に来るわけではなかったのです。

そんな次第で、新型の車両が来ると私たちは「新車だ！」と大喜びし、旧式車両が来るとがっかりしました。

「新車」と「ボロ車」

新型車両を「新車」と呼ぶことを私たちは知っていましたが、いっぽう、旧式の車両をどう呼ぶかは知りませんでした。新車の反対なのですから旧車なのでしょうか。

うまく言葉が浮かばないので、「旧くてボロい電車→ボロ車」と呼ぶことにしました。遠くから線路を走って来る車両を、ホームから首を伸ばして眺め、「ちぇっ、今度のはボロ車じゃないか」などと一喜一憂していたのです。

現在、私は山手線を使って通勤していますが、車両は新車と旧車とが混在しています。さすがに旧式車両が来ても新車が来るまで待つなんてことはありませんが、なんとなく損をした気になります。四十年以上前に「発明」したボロ車という言葉が、近ごろはさかんに頭のなかに甦るので、まったく自分には進歩がないものだなあと苦笑してしまいます。

自分だけに通用するネーミング

子どもはおかしなネーミングをするものです。「ボロ車」といったぐあいに、ボキャブラリーとか表現力の不足から、自分なりに考えて独自のネーミングをするのでしょう。

忍者のでてくるマンガとか、スポーツのマンガとか、戦争マンガとか、いずれにしても私が胸をときめかせたマンガには、必ず「決めワザ」とか「必殺ワザ」といったものが登場しました。忍法ナントカとか、魔球ナントカ、ノックアウトQだとかクロスカウンターなど、心に残るネーミングの数々がありました。考えてみれば昔から「燕返し」とか「円月殺法」みたいなネーミングが大衆小説にはあって、こういったものをいかに考案するかが読者の心をつかむ秘訣だったのでしょう。

マンガの影響だったのですが、小学生だった私は、勉強をしながらしばしば自称必殺ワザを編みだしていました。算数で、公式を使ってシンプルに解けるような問題はともかく、多少ひねりのある問題にもそれなりにパターンがあります。そうしたパターンに気づき、解法を持ちだすときに、声にこそださないものの、「秘法、三角崩し！」などと胸のなかで叫んでいたのでした。

自分だけに通用するネーミングだったのですが、それでじゅうぶんでした。出題者と自分とはいわば伊賀と甲賀の忍者の戦いみたいなものであると勝手に想像して問題を解いていくのは、意外に楽しいことだったのでした。

ゲーム感覚で文脈を読む余裕を持とう

十を三で割れる不思議

算数では、十を三で割り切ることは不可能です。しかし現実には、長さ十㎝のひもを三等分する方法は存在します。互いに矛盾することなのに、われわれは両者の帳尻を合わせようと悩んだりはしません。ま、そんなものかと思うだけです。

おそらく世間には、この矛盾が気になって仕方のない子どもがいるはずです。どうにも気にかかる、それなのに誰に尋ねても要領を得た回答を聞けない、と。

勉強には、ある種の要領のよさが求められます。さきほどの矛盾は、もしかすると根源的な疑問であり、そうしたことに悩む態度こそが真にクリエイティヴな思考につながるのかもしれません。

だが勉強（もっと端的にいえば受験）に必要なのは、文脈を読む能力でしょう。出題者はいったいなにを試そうとしているのか、なぜここでこのような問いがなされるのか、通常の解法があてはまらないのはなぜなのか？　そのように出題者の想定しているストーリーを読みとることが重要なわけです。

そういった際に、十を三では割り切れないが十cmのひもを三等分することができるといった矛盾について悩むのはムダなことになりましょう。十を三で割るのは抽象の世界での話であり、十cmのひもを三等分するのは、

①現実の世界でのいわば実用レベルでの話

②図形問題という抽象レベルでの話

のふたつがありえます。いったいどの世界の話なのか、どのレベルの話なのかを読みとれないようでは困るのです。

ゲーム的思考のヘタなタイプとは

能力はあるのに成績のふるわない子どものなかには、妙に律儀で、文脈を読むことのヘタなタイプがかなりいるように思えます。

ある方向から考えていくと不可能にみえることが、別の方向から考えていけば可

能というケースは少なくありません。壁に突きあたったときに、「ははあ、だからここにワナが仕掛けてあるな」と戦略的（むしろゲーム的というべきかもしれませんね）に思考することができずに困惑してしまうタイプなのです。

勉強を楽しむには基礎学力が必要

遠足の作文を書くときに、同級生の多くが時間の流れそのままにだらだらと文章を書いていくので、内心「アホじゃないか？」と思ったことがありました。すなわち、バスに乗って学校から出発するところから書き始め、「それから、こういうことがありました」と次つぎにエピソードをつけ加えていく形でストーリーが進行していくわけです。

一番おもしろかったエピソードを中心にして全体を構築していくとか、ちっともおもしろいことがなかったのなら、ではどんなできごとがあったらおもしろかっただろうかとか、どうしても書くに値することがなかったら弁当の中身について述べて「印象に残ったのは、これだけでした」と締めくくるとか、そういった頓智《とんち》がないのです。

おそらく出題の文脈を読みとれないタイプの子は、作文では律儀に時間経過どおりに話を進めていくでしょう。そのようなタイプは、少なくとも勉強の領域においては受動的で覇気がないということになります。

ゲーム感覚で問題と向き合わなければ、勉強は苦痛なだけです。そして、試験をゲームとしてとらえるところまで基礎学力がついていないと、文脈を読むだけの余裕をもてないのが現状なのでしょう。

自分自身を知る「本当の勉強」とは

ごまかしを許さない先生

あいまいな表現をひどく嫌う先生がいました。授業中に生徒を指名して、「これについて説明してみなさい」と言ったとします。指された生徒のほうは、復習をしていなかったので説明ができません。ただし、そのことを全面的に認めるのは恥ずかしいし、気まずい。なんとかこの場をソフトにやりすごしたいといった気持ちが働いてしまいます。

そこで、照れ笑いを浮かべつつ生徒は答えるわけです。「あの、ちょっとわかりません」。すると先生はじろりと生徒をにらみつけ、それから一拍おいて言うのでした。

「ん？　ちょっとわからないのか。それじゃあ、とにかくわかるところまで言ってみろ」

そこで生徒は顔を赤らめながら、「すいません。全然わかりません」と言い直すのでした。たとえ口では「ちょっと」と言っても、その実は「全然」を意味していることは先生とて理解しています。が、ごまかすようなあいまいな調子でその場を乗り切ろうとする生徒の態度が腹にすえかねたのでしょう。

おそらくあの先生は、勉学における生徒たちの「詰めの甘さ」にガマンならなかったのだろう、といまになって思われるのです。

「ちょっとわかりません」は、論外にせよ、「なんとなくわかっている」とか「理由はハッキリしないけど、こうするといいみたい」などと、惰性で勉強をだらだらすることを戒めていたのでしょう。

「ちゃんとやる」ことに含まれている意味

なんとなくわかっていることと、きちんとわかっていることとの間には大きな違いがあります。しばしば成績のふるわない子に対して、担任が「ちゃんとやればできるのにねえ」と、なぐさめだか励ましだかわからないことを口にします。が、実際にはその子が「ちゃんとやる」ことはまずない。そして「ちゃんとやる」のなかには、本気で勉強に取り組むこと以外に、「まあこのへんでいいや」といった甘っちょろい態度は取らないといったことが含まれているのです。

つまずきのパターンの認識

ある項目について習い、理解したつもりになったら、あとはその項目に関連する問題はすべて解けるはずです。ところが、実際に問題集に取り組んでみると、さっぱり解けません。つまり、わかったつもりでいても、本質をまるでわかっていなかったことが証明されたわけです。

そこで、「わかったつもり」と「それなのに解けない」とのギャップはなんであったのかをあらためて検討することになります。おそらくそのような検討を要さないで、問題を次つぎに解いていってしまえる子は天才に近いでしょう。秀才は検討しなければならないことをきちんと自覚している。そして、そのようなことを自覚していないくせに、うわっつらだけ勉強をして満足している生徒を鈍才と称するわけです。

このような事情は、すなわち自分がつまずくパターンをちゃんと認識しているかどうかというテーマに収斂《しゅうれん》します。わかったつもりなのに、実際には問題が解けない。そこに自分自身の思考や発想の弱点が宿っているわけです。

ほんとうの勉強とは、自分の弱みや不得手を具体的に把握し、それをいかに克服するかといったプロセスなのです。自分の内面を探る、自分自身を知るといった意味で、勉強はけっしてムダでも空虚でもない営みなのです。

楽をして宿題をすませようとした結果は

夏休みの工作をいかに簡単に作るか

夏休みの宿題で一番厄介なのは、工作でした。あればかりはどうにも面倒です。私は七月中にドリルの類はすませてしまうタイプでしたが、工作だけは取りかかる気力が起きず、結局八月の終わりに、あわててなにかをでっちあげることになります。

もうそんなことの繰り返しは嫌でしたので、今度こそ早めに工作を完成させてしまうつもりでした。

もともと真剣に作るつもりなんかありませんでしたから、いかに楽に、しかも外見はいかにまことしやかな作品を完成させるかが問題でした。そういった発想をすること自体、どこか世の中を甘く見ている子どもだったわけです、私は。

あれこれ考えているうちに、ひらめきました。社会科の授業にでてきた古墳、あれの模型を作ろう、と。
いわゆる前方後円墳というやつを、ボール紙で製作することにしたのです。

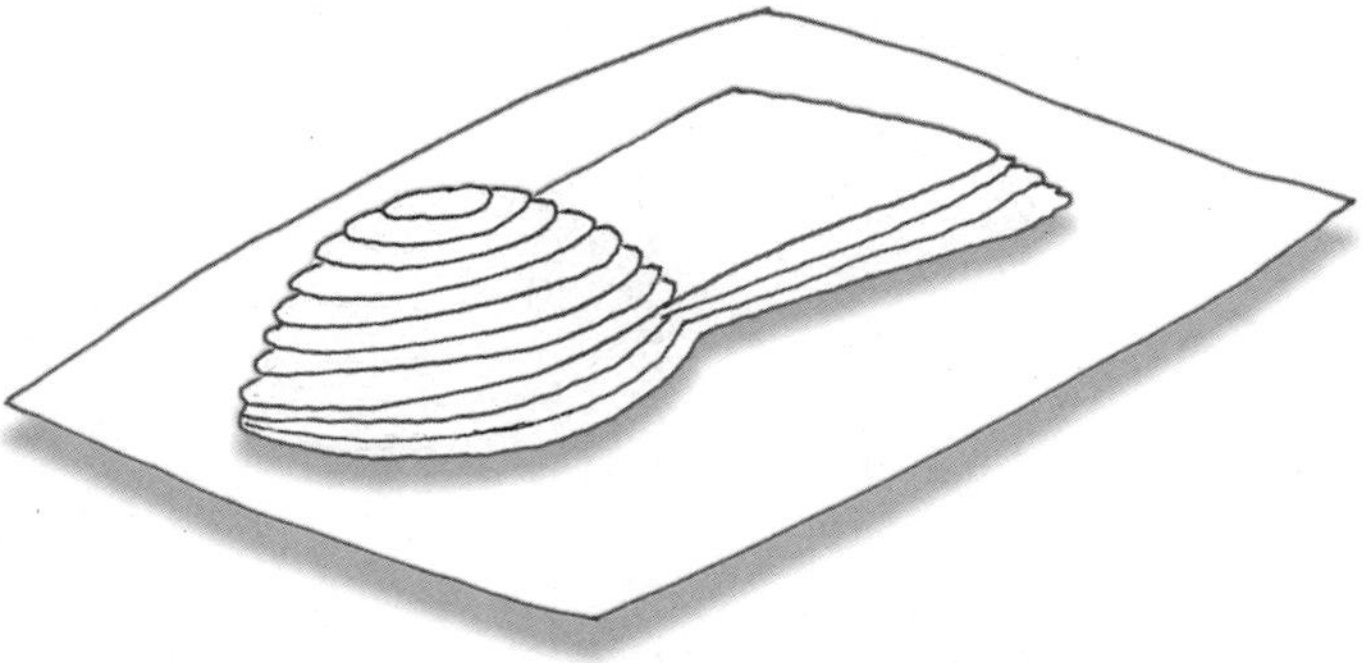

順調に作成される「前方後円墳」

手順はまことに簡単です。厚紙を用意し、それを鍵穴みたいな形に大きく切り抜きます。次に、それよりひとまわり小さな形を切り抜きます。さらに小さなものを切り抜きます。つまり、等高線にしたがって厚紙を切って重ねていくわけです。もちろん途中からは、円墳の部分は円形を重ねるだけになります。

たちまち部品が用意できたので、大きめのボール紙の台紙へ、等高線にしたがって順々にのりで貼り重ねていきました。一時間もしないうちに、古墳の模型が出現しました。

しばらくテレビで子ども向け番組を見てから、今度は絵の具を用意しました。本物の古墳は土を盛って作られ、そこに木々が生い茂っています。だから茶色と緑の絵の具を中心として、ぺたぺたと塗っていきました。何度も塗り重ねたほうが効果的なようでした。

前方後円墳が塗り上がると、次に台紙の部分を塗ります。堀にかこまれているはずですから、青を中心にした色使いで塗っていきました。古墳と水が接するあたりはちょっと白っぽくアクセントをつけてみました。古墳から離れるにしたがって水が深くなっていることを想定して、青い色がグラデーションで濃くなっていくように塗りました。

これで完成です。またしばらくテレビを見てから、改めて作品を眺めてみました。すると、どうやら台紙が大きすぎたようです。まるで海の真んなかに鍵穴の形をした孤島が位置しているような案配なのです。前方後円墳なんかではなく、緑の無人島です。

仕方がないので台紙をひとまわり小さくするべく、鋏で四辺を切り落としました。やはり孤島みたいではありますが、さっきよりはまだマシです。

完成した作品が…

よし、これで完成！　まだ七月のうちに工作は終わってしまいました。押し入れに前方後円墳の模型を放り込み、ドリルも終え、八月は好き勝手な毎日をすごしました。

新学期が近づいたある日、そろそろ始業式の用意をしなくてはと考え、押し入れからあの工作を取りだしてみました。すると、悲惨なことに、古墳の模型は台紙もろとも全体が反り返っていました。のりで貼り重ねたり絵具を塗ったせいで、水分の関係から反ってしまったのです。

手に持ってみると妙に軽く、なんだか干物みたいな感じがしました。

個性あふれる勉強法に感じた強さ

頭に入れる方法はさまざま

大学生のとき、いっしょに勉強をするために友人を訪ねて行きました。彼の実家は茨城で、都内に部屋を借りてひとり暮らしをしていました。

ワンルームマンションにでも住んでいるのかと思ったら、なんと彼は「事務所」に住んでいました。小さな雑居ビルの一画を借りていて、ドアの脇にはちゃんと受付用の小窓まである。

なかに入ると壁に学校で使うような大きな黒板が取りつけられていました。以前からあったもので、どうやら彼はこれが気に入って住むことにしたらしい。そして黒板と向きあった壁に接してソファが置いてありました。

自室の黒板に書いて暗記を

黒板には、試験に備えて覚えるべきことがらや言葉などが乱雑に書いてありました。

彼はソファに寝ころがったまま、おりに触れて黒板を眺めては、暗記をしたり頭の整理をしていたのです。

私は彼の室内を眺めて、カッコいいなあと感心したものでした。ふつうだったら、家庭内にあんな大きな黒板なんか置きません。それをそのまま利用し、ソファに寝ころんだまま勉強をしようという一種の「ぞんざい」さが、いかにも頭のよい印象を与えたのです。

そういえば外国映画でも、若き天才物理学者が自宅の実験室に置いた黒板に書いた方程式を見つめながら、サンドイッチを食べる場面を見た覚えがあります。あれもなかなかステキでした。

ノートを使わない方法も

高校のころには、きちんと製本された立派な日記帳をノート代わりに使っている友人がいました。父親の仕事の関係で、売れ残った「当用日記」をタダでもらえるとのことで、それを利用していたのです。もちろんノートが買えないほど貧乏をしていたわけではなく、教科書なんかよりも重厚な装丁の日記帳をあえてノートとするところに、高校生なりのしゃれっ気とか屈折が託されていたようです。

わざわざ日記帳をノートにして、それで成績が悪かったらみっともない話になってしまいますが、さすがに彼はトップクラスを楽にキープしていました。彼としては、ある種の美学を貫いていたのかもしれません。

中学生時代には、ノートを持たずに授業にのぞんでいた友人がいました。通常のノートブックではなくて、広告の裏側とかカレンダーの裏側などを集めて、その白い部分に筆記をしていたのです（当時は、そうした節約の美徳が生活を支配していたのです）。

彼がユニークだったのは、それらの紙をクリップボードに挟んでいたことでした。そのころ、クリップボードはあまり普及しておらず、たとえば工事現場の監督とか巡回中の警官とか、そういったいわゆる「プロフェッショナル」な人たちの道具といった印象が強かったのです。おそらく彼は、家業の関係で容易にクリップボードが入手できたのでしょう。

クラスじゅうが前屈みになってノートへ筆記しているときに、彼だけはクリップボードを片手に椅子の上でふんぞり返って筆記をしていました。あれもなかなかカッコよく映ったものです。

どうやら彼は、自宅へ帰ってからちゃんとしたノートへ復習を兼ねて内容を書き写していたらしく、そのせいか成績は大変に優秀でした。

では、小学生のころはどうだったか……。

さすがに小学校では、突飛な授業の受け方をしている子どもはまだいませんでした。

注

注10……**司馬遼太郎**（P112）／しば・りょうたろう／小説家。一九二三年生まれ、一九九六年死去。本名、福田定一（ふくだ・ていいち）。産経新聞社在職中、『梟の城』で直木賞を受賞。以後、それまでの歴史小説界に新風を吹かせる作品を数多く執筆した。日本の大衆文学の巨匠、中心とされる。おもな作品に、『国盗り物語』『竜馬がゆく』『坂の上の雲』などがある。

第四章
親から子へと、なにを伝えていますか？

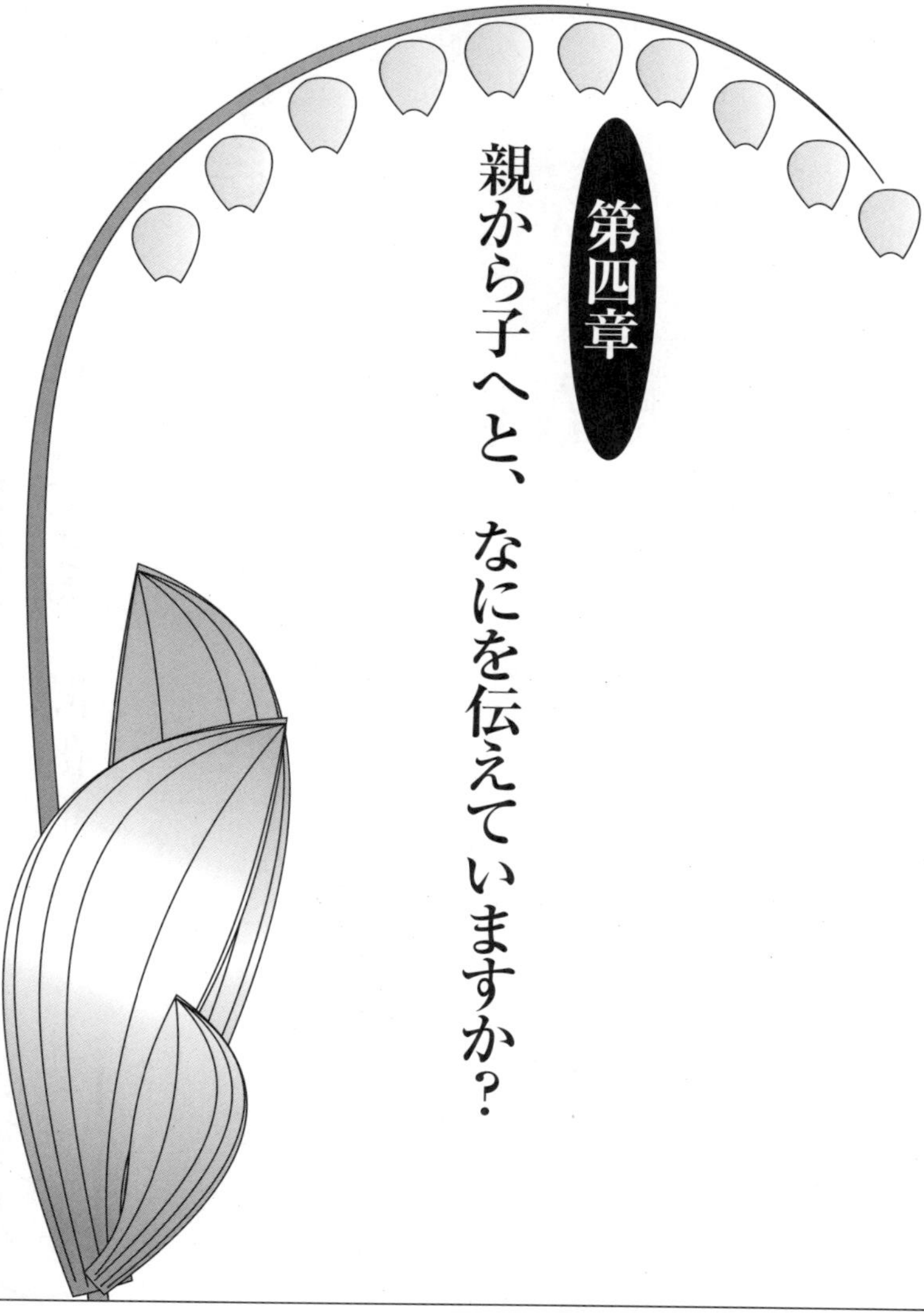

自我の目覚めによる一時的低迷

驚くほどに高い子どもの記憶力

子どもは、驚くほどに記憶力がよいものです。とにかく丸暗記ができるのが彼らの特技でしょうか。しかしそんな能力も、年齢を重ねると次第に失われていきます。私の印象では、覚えられなくなるというよりも、メモリーを頭から引きだすことがむずかしくなるといった要素が大きく関係しているようです。

たとえば音韻がどこか似通った別な言葉を連想してしまって、それに引きずられて肝心な言葉が「でそうででない」。あるいはいったん覚えた言葉の上に、もっと大切な事項がメモリーとしてどんどん蓄積され、そのためにイメージが希薄になってしまう。要するに、子どもの頭のなかは大人に比べてシンプルな状態であるがゆえに、記憶力の強さがめだちやすいということではないでしょうか。

精神的な圧迫はマイナス作用

もうひとつ要素があります。子どもは無理やりに覚えようとしているのでもなければ、忘れたら大変！　といった不安を抱いているわけでもないことです。どうもわれわれの心のなかには、むやみに緊張したり、失敗をさきどりする形で不安ばかり覚えたりすると、まさに「心配したとおりに」失敗するといった傾向がみられます。簡単な例をあげるなら、吃音《きつおん》（注11）の人が「上手くしゃべれるだろうか？」と自意識過剰になって人前でスピーチすると、失敗してしまうようなものです。

親が子どもを急かせたり、ガミガミと言ったり、勉強を教えると称して介入し過ぎたりすると、その精神的な圧迫がマイナス作用をしめしがちなことを忘れるべきではありません。

しつけから虐待へのメカニズム

昨今ではすっかりなじみの言葉となってしまった「虐待」。あれで最初から子どもをいじめていたケースは稀です。親は自分なりのペースで子どもをしつけようとしています。ところが子どもには子どもなりのペースがあるから、なかなか親の思惑どおりにはいかない。つまり「いくら言ってもわからない」。

精神的余裕を欠いた親は、たちまちイライラして「しつけのため」と称して軽く暴力をふるう。が、子どもはそこで簡単に自分を切り換えたりすることができません。おびえたり混乱して、かえって親の期待を裏切るような失敗をしでかしてしまいます。そこで親は「これほど言っているのに、まだわからないのか！」と、カッとなって暴力がエスカレートしていくといった悪循環が生じ、虐待へ至ってしまうわけです。

成績が下がるふたつのタイプ

子どもの丸暗記能力といったものは、彼らの楽天性だとか世の中に対するリアリティの欠如みたいなもの、もしくは子ども特有の全能感（注12）などに裏打ちされています。そしてその事実からは、ふたつのことがらが導きだせましょう。

①強いストレスが加わったり、大人がデリカシーを欠いた介入をしたりすると、子どもは混乱や放棄といった反応をもって、学習から「降りて」しまうことがある。

②思春期が近づくと、精神的にも肉体的にも子どもは不安定になっていきます。いままでは考えもしなかったことに対して疑問を持ち、抽象的な概念に関心が向き、社会全体に対する「うとましさ」が妙に反抗的な態度として表出する等々。

そのために急に成績がふるわなくなったり、自分なりの理想論に基づいて学校の勉強を拒絶したりすることがあります。

◇

◇

背伸びをせず、従順で素直な子どもほど最初のうちは成績がよいものです。ただし、それが一生つづくわけではありません。多くの場合、自我の目覚めによって成績は一時的に低迷しがちです。それはそれで一種の通過儀礼ととらえるべきなのですけれども、親の「勉強しろ」という圧力がメカニズム的には虐待の構造に案外近いものとして作用しかねない可能性を、われわれはつねに念頭におきたいものです。

働きが異なる子どもと大人の頭

生活に必要な基本的記憶力

認知症の程度をはかるテストに、長谷川式簡易知能評価スケールと呼ばれるものがあります。きょうは何年何月何日の何曜日ですか、といった簡単な設問から始まるテストですが（認知症ではそのようなことすらも判然としなくなってしまうわけです）、そのなかに記憶力を確かめる問題があります。

多少の記憶力低下は、メモを活用したり他人に尋ねるといったことで補えますが、たとえば四桁の数字を復唱する、すなわち適当に３６８２とか言ってそれを繰り返してもらおうとすると、ある程度深刻な認知症状態ではそれができません。

これは現実場面で考えてみれば、たとえば電話をかけることが困難な状態を意味します。ふつう、われわれは電話番号を四桁ずつ区切って頭に入れて、それでプッシュしていきます。なるほど、数字をひとつずつ確かめながら入力することも可能ですが、そんな調子では到底スムーズな日常生活は営めません。おそらく四桁の数字を一時的に記憶可能かどうかは、かなりわれわれの暮らしにおいて普遍的な重要性を持っているように考えられるのです。

「関連づけ」が記憶のメカニズム

さて、長谷川式スケールに話を戻しますと、三つの単語を覚えてもらうといった問題があります。これがなかなかよくできていて感心した覚えがあります。その三つの単語とは「桜・猫・電車」なのですが、それぞれを関連づけて覚えようとしても、いまひとつ密接な関わりが生じにくいのです。電車の線路の近くに桜の木が生えていて、その枝に猫がいるといった光景は、意外と頭に定着しにくいようです。あたかも関連づけが可能そうにみえても、実は上手くいかないところにこの問題の妙味があります。「桜・新入生・電車」ならばこれら三つの言葉でストーリーを組み立てることは容易でしょうが、そう簡単にいかない設問であるからこそ記憶力の検査となるわけです。

新鮮な体験はたちまち記憶される

小学校のころ、国語の先生から「覚えにくい漢字は、新聞紙を広げてそこにうんと大きく書いてみればいい。それを何度か繰り返せばか必ず覚えられる」と教えてもらいました。なるほどマジックインキを片手に何度か古新聞に大きく書いてみると、ちゃんと頭に入る。不思議なもんだなあと驚いたものです。

ただし、こういった記憶術は、おそらく小学生にしか通用しないでしょう。小学生のやわらかい頭とシンプルな日常生活が前提にあってこそ、新聞紙に大きな字で書いてみることが新鮮な体験となり、たちまち記憶へ刷りこまれるのです。われわれ大人にとっては、そんなことは新奇な経験でもなければ特別なできごととしても実感できません。寂しいことです。

記憶力のよい子が優秀なのか

わざわざこんなことを書いたのは、子どもの頭と大人の頭では働きが異なることを強調したかったからです。線路脇に花を満開にした桜の木があって、枝にはチェシャ猫(注13)がニヤニヤ笑っているような光景は子どもにとってこそ覚えやすいのかもしれません。そして、ものごとをより複雑にとらえたり、あれこれと空想の翼を広げるような子どもにとっては、かえって「桜・猫・電車」は覚えにくかったり、「桜・犬・汽車」といったぐあいに間違って記憶したりしてしまうかもしれません。

子どもの脳は発達にかなり個人差があり、記憶力のよい子が必ずしも優秀であるとはかぎらないと思われるのです。

「なにをさきに覚えるか」の判断力

優先順位をつける能力

われわれにとって不可欠な能力はさまざまなものがありますが、そのひとつとして、「ものごとに優先順位をつける」といったことがあげられましょう。

自分が望むものがいくつかあるとして、しかし、それら全部を手に入れることはできない。そうしたら「全部でなければ嫌だ！」と泣き叫んでも事態はなにひとつ好転しません。かえって「子どもみたいな人だな」と思われて損をするだけです。

そこでわれわれは内心では悔しいと思いつつも、なにがベストでその次はなにかといった順位を、状況とか緊急度と兼ね合わせて推測をし、プライオリティを判断することになります。現実を冷静に見つめ、ある程度クールでドライな視点を持って決定を下していくわけです。

ただし、そういったことは、理屈では簡単なようでも、実際にはむずかしいもの

です。一途な願いや強い希望、あるいは夢といったものは、稀ならず客観的な目を曇らせてしまいます。

残酷な「もう一度……」

ある認知症老人の家族がしていることを目の当たりにして、ひどく驚かされた経験がありました。その老人、かつては硬派のインテリとして知られていた教授でした。が、認知症となってしまい、風呂場とトイレの区別もつかなくなってしまいました。認知症だから当然といえばそのとおりなのですが、家族としては以前のかくしゃくたる姿を思い起こすにつけ、無念さがこみあげてくるのでしょう。

そこで介護を担当していた娘さん（といっても、もう中年婦人です）が、「父は認知症によって、頭の働きが子ども以下になってしまった。しかし、もともとあれだけ聡明な人だったのだから、いまからやり直してもよいはずだ」と、突飛なことを思いつきました。

彼女は小学生用のドリルを買ってきて、それを父へ与えました。「やり直し」なのだから、まずは算数と国語のドリルからスタートだというわけです。

娘さんの思いはわかりますが、これはずいぶん残酷な話です。認知症というのは、コンピュータからメモリが消えてしまったといった状態ではありません。脳の働きそのものに不具合が生じ、努力や刺激では治らないといったものなのです。したがってドリルなんか与えても、それは老人にとってストレスでしかありません。まったく無意味なことなのです。

認知症老人への対応における優先順位には、「もう一度勉強をさせる」なんて項目はありません。いかに心おだやかに、また日常生活を失敗しないように導いてあげるか、そういった作戦があるだけです。そのなかで順位を選んでいくことになります。

このケースにおいては、娘さんの思いや悔しさが、事態の本質を見つめる作業をおざなりにさせてしまったのでしょう。無理からぬ話ではあれども、こういった悲喜劇は結構どこにでもあるものです。

ロマンティックな夢追い人

認知症に関してはいささか特殊なケースかもしれませんが、「あれもこれも」と優先順位をつけられず、そのために混乱してしまう人がいます。ノイローゼで精神科を訪れる人たちのうち、かなりの数が、このように「思い切りの悪い」人たちです。考えようによっては、ロマンティックな夢追い人なのかもしれませんが。

勉強におけるコツもまた、なにをさきに覚えるか、どのようなことはあと回しにしても構わないかといったクールな判断力が望まれます。しかし、逆にそれが簡単にできる子どもというのも、ミもフタもない気がします。子どもらしさとクールさとはもともと矛盾するのですから、受験勉強というのはなかなか酷なものだと言わざるを得ません。

回り道をすることは損ではない

あえて選んだ回り道

私は医学部を卒業してからまず入局したのが、産婦人科でした。産婦人科医として六年ほど働いてから、精神科へ移ったのです。

基本的に、医学部を卒業してから何科へ進もうと、それは本人の自由です。産婦人科を私が選択したことに、大きな理由はありませんでした。実家が産婦人科を開業していたわけでもありません。ただし、自分としては、医者となったからには、一度はメスを持ってみたいといった思いがありました。メスを持つ医師が優秀といったわけではないですが、もし手術をする経験を持たなかったら、外科系に対して一生、漠然とした劣等感を抱きそうな気がしたので、ならばあえて外科系に入局しようと思ったのでした。外科系には腹部外科や胸部外科、脳外科、整形外科などがあり、産婦人科もまた外科系の科目とされています。いったいどこの医局へ入ろう

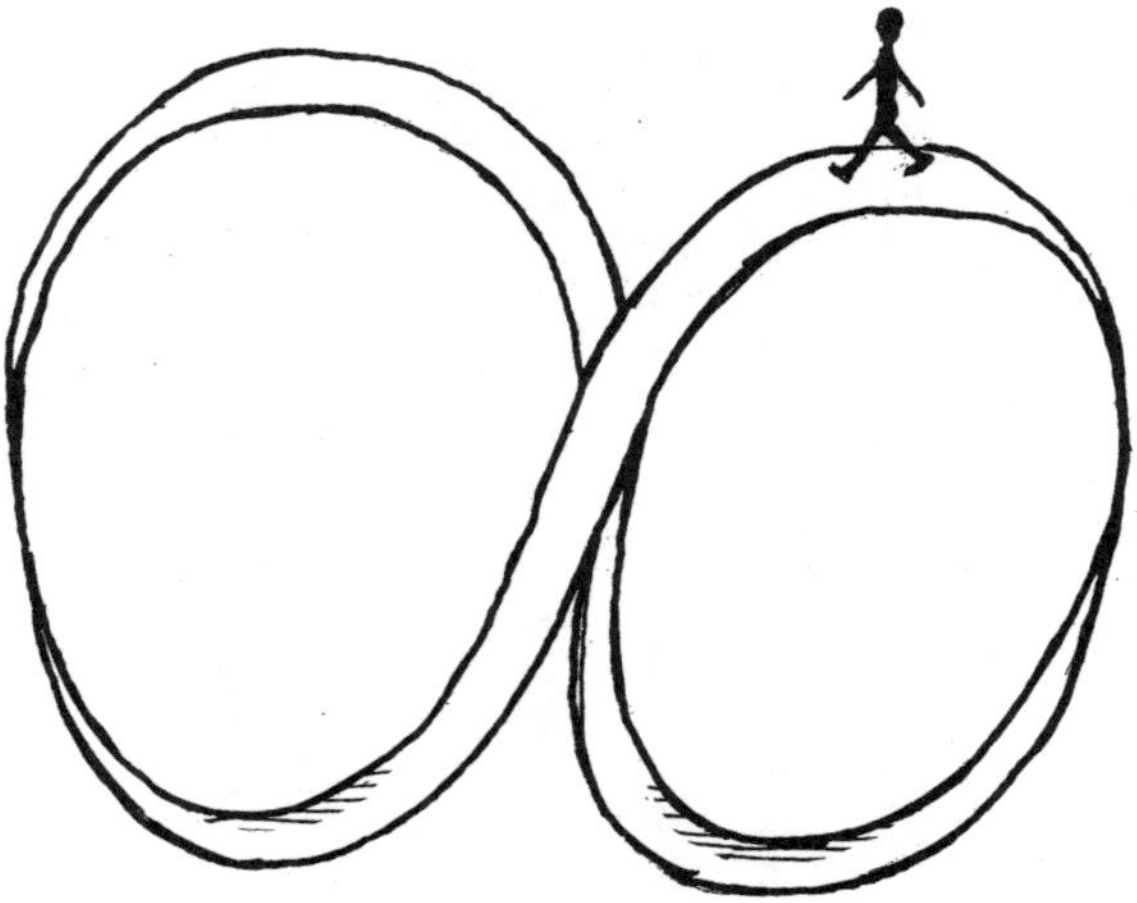

か？

卒業した年に、私以外に入局者が誰もいそうにないのが産婦人科だけでした。ことに腹部外科などはやたらと人気があって、希望者が何名もいました。ということは、ライバルが数多くいるということです。妙に要領のいいヤツが必ずいて、そういった人物と比べられたりするのは嫌だなといった気分があったので、私はあえて金の卵として産婦人科へ入ったのでした。実際、大事にしてもらえました。

しかし、六年もやっていると同じことの繰り返しであきてきます。じゅうぶんにメスは持ったし、それ以上の欲が湧いてこない。ならば、そろそろ、以前から興味のあった精神科へ移ってもいいかなと思い定め、また障害児を生んだ母親の相手をしているうちに、もしかすると自分には精神科医のほうが適性があるのではないかと実感していたこともあって、産婦人科に別れを告げることにしたのでした。

「回り道」で身についた客観性

そこで新たに精神科の医局へ入り直し、新卒の学生といっしょに勉強をすることになりました。ただしすでに患者さんとは臨床の場で接してきていますから、理論づけはともかくとして、勘と経験である程度の「場馴れ」はしています。それに産婦人科に関しては私のほうが教授よりも詳しいわけですから、そういったことがある種の自信となり、あまりとまどったり恥をかかずに精神科医になることができたのでした。

精神科医といった意味では回り道をしてきたわけですが、では産婦人科医としてすごしてきた日々がムダだったかといえばけっしてそうではありません。やはり考え方や発想などには他の「生粋《きっすい》の精神科医」とはかなりニュアンスが違うようですし、むしろ客観的にものごとを眺められるので、けっしてマイナスであったという気がしません。

余裕ある子どもに育てたい

有名な精神科の先生で、そのユニークなものの見方や考え方からつねに一目おかれている人で、中井久夫というドクターがいます。この先生は、もともとウイルスの研究をしており、それがどういった風の吹き回しか精神科へと転向されたのでした。私が現在勤めている病院でも、文学部中退とか、数学科出身のドクターがいます。内科や泌尿器科にいた人もいます。おしなべて彼らは優秀です。

回り道をすることは、損得勘定からすれば損に見えても、長い目からすればけっしてそうでないことも多いのです（ただし職を頻繁に変えるといった人生は困りものです）。回り道もまたおもしろい、と考えられるだけの余裕を持った子どもに育てることは、本人の将来にとって重要なことに違いありませんし、子どもにとっても世の中の仕組みを知る第一歩となるのではないでしょうか。

マスターするための第一歩は「真似」

真似することが下手であれば

私は英会話が苦手です。外国に行っても、ちっとも話が通じません。どこまで本気であったかはともかくとして、もうずいぶん長いこと英語を学んできているはずなのに、つくづく情けなくなってしまいます。

外国人の先生に英会話の手ほどきを受けて以来、私には英語のレッスンがいつも苦痛で仕方がありませんでした。その理由はふたつあります。

まず、会話の内容がくだらない。どうしてこんな愚にもつかないことを話しあわなければならないのかと訝《いぶか》しくなるうちに、急速に関心が薄れていってしまうのです。たとえば、「アメリカの若者たちも、多くが携帯電話を持っているのですか?」とか「欧米の大人たちは、日本の大人と違ってマンガ雑誌に夢中になったりはしません」とか、そういった、いかにも英会話の教材となりそうな話題にまったく興味

をそそられないのです。

それからもうひとつは、常套句だとか正確な発音とかを身につけるために「真似」をしなければなりません。先生がしゃべって、すぐにそれを正確に再現する。これが私にはなぜか上手くできなくてつらいのです。

真似することへの違和感

いかなるジャンルであれ、真似をする能力はきわめて大切です。個性とかオリジナリティなどは、基本をクリアしたうえで自然に滲みでてくるものであって、技術や基礎知識の裏づけを欠いた個性なんぞ偶然の産物に類したものでしかありません。つまり「本物の」

オリジナリティと認めるわけにはいきません。

おそらく真似をするという行為のなかには、人間としての普遍的な動作とか考えといったものを体感して学びとるといった意味合いが含まれているはずです。真似をしなければならない対象とは、ある種の自然さとか「のびやかさ」といったものに通ずる要素を持っているのです。

にもかかわらず、おしなべて私は真似るという行為が苦痛なのです。サイズの合わない服を無理やり着せられるような違和感を覚えてしまうのです。

それは私がすぐれて個性的な人間だからといった話ではありません。たぶん普遍的な技能が欠落していることに原因が求められそうです。だからこそ、なにをやってもきわめて不器用でしかありません。

人生の根幹にまでかかわる「真似」

そんなことを考えたのは、病院で心を病んだ人たちと接してきた実感に基づいています。精神病をどのように理解し把握するかについてはさまざまな意見がありますが、根本の部分において、患者さんたちはこの現実世界に対してきわめて強い違和感を持っているようです。病的で、言うに言われぬ「もどかしさ」にも似た違和感に苛《さいな》まれ、それを自分なりに了解すべく妄想を生みだし、結果として自分自身が社会に適応しきれなくなって破綻してしまうプロセスとみなすことができます。

そういった患者さんたちを観察していますと、彼らは「真似」がきわめて下手なことに気がつきます。手本どおりにそれを真似して会得するといったことがとても拙いのです。もしかすると、気楽に真似をして学んでいくといった方法論を身につけ損ねたがゆえに、現実との違和感に強くとらわれてしまったかのような印象すら受けるのです。

世界が親しみに満ちたものか違和感をともなったものなのかは、人生の根幹にかかわってきましょう。真似することからマスターすることの大切さを知ることは、子どもたちにとって、生きやすさ・生きにくさといったテーマに深くかかわってくるのかもしれません。

説得するためのキーワード「選択肢」

したたかな子どもたち

前章（P117）で、「合意のうえでの売春は誰にも迷惑をかけるわけでもないのに、どうして悪いことなのか」といった疑問に対してまっとうに答えることのむずかしさを述べました。これは、一時期、援助交際についてそれをとがめる言葉を誰も思いつけなかったことに関連しています。

子どもは案外と「したたか」なところがあって、大人が返事に窮するであろうことをわかっていて、わざと答えづらい疑問をぶつけてくることがあります。回答そのものを知りたいというよりも、お手並み拝見といった意地悪さを、ある程度頭のよい子の多くは備えているような気がします。

そのような意地悪さはさておき、われわれ大人のほうは、だから返答を回避してもかまわないといったことにはなりますまい。そこで少々本気になって、なぜ売春とはいけないことなのかを考えてみます。ことに思春期の子どもたちにおいて。

反論のキーワードを用意

私は仕事がら、口達者な患者さんたちとディスカッションをせざるを得ない場面にしばしば遭遇します。だからといって、必ずしもすべての設問へ真っ正面から答える必要などありませんが、少なくとも真摯な姿勢を見せなければならないことが多いのです。そこで比較的応用のききやすい概念というかキーワードをいくつか用意しておくと自分の精神衛生上よろしいことを知っております。

で、最近の私が愛用しているキーワードは「選択肢」という言葉です。

売春は別に悪くない、と理屈をこねまわすことは案外簡単です。性病の危険だとか暴力団が介在する可能性とか、将来結婚するときに負い目を覚えるといった類の説教など効果はありません。親が悲しむ、といった論法も「勝手に悲しむのが悪い」と反論されると困ってしまいます。逆に、売春は合意が前提ですから被害者は存在しないことになります。

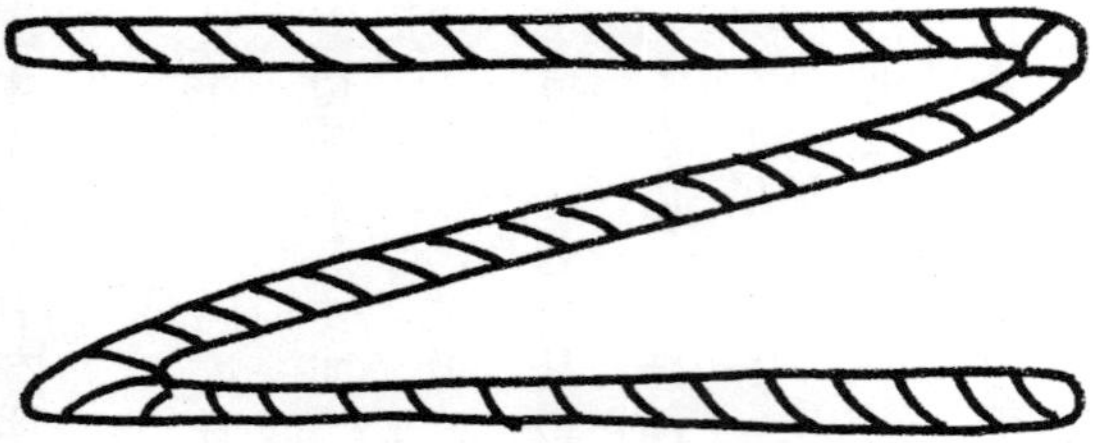

しかし、反論がむずかしいから、それがすなわち正しい意見の証拠であるかといえばそんなことはないわけです。直感的に、われわれは売春が間違っていることを知っている。そもそも算数では十を三で割りきることはできないけれども、現実には長さ一メートルの紐を三等分する方法は存在します。理屈が真実とイコールではありません。

短絡的な判断より直感を優先

そして「売春をする」というのは、なるほど簡便にお金を稼ぐための選択肢のひとつではあります。ただし、ものごとの判断のためには、さまざまな選択肢を頭のなかに思い浮かべてそれを同じ比重で比較検討し、ベストなものを選び取るといった手続きが必要となります。では売春をしようとする思春期の子どもたちが、お金を稼いだりスリルを味わったりしてみるための方法として、もっと別な選択肢をはたして想像してみているのか?

というよりも、多くの選択肢を想像してみるだけの経験も知識もないというのが現実でありましょう。だから比較検討もへったくれもありません。自分では自由に選んでいるつもりでも、実は選択肢など彼らはもっていません。たまたまマスコミを通じて得た知識だとか、悪友にそそのかされたとか、せいぜいそんな程度の裏づけしかない短絡的な判断に過ぎません。ましてやそこに毅然とした態度など望むべくもありません。

ゆえに、あたかも理屈がとおっているようでも売春なんて選択肢はお話にもならないのです。少なくとも労働という義務を負わない子どもたちの非現実的な想像力よりも、大人たちの直感のほうが優先されて当然ということになりましょう。

「選択肢」というキーワードは、予想外に応用範囲が広いようです。

社会を生きていくには「品性」が必要

暗黙の合意が成立する場面

売春の話を前項に書きましたが、理屈のレベルとは別に、品性といったことも考えてみる必要がありそうな気がします。

私が医学部受験で浪人していたころのことです。まだエアコンなどさして普及もしていなかったので、気分転換も兼ねて、夏休みには公立図書館で勉強をする学生が多かったと記憶しています。

しかし、図書館の座席は数に限界があります。そこで、図書館で勉強するためには「早い者勝ち」といったことになります。遅く行っても座れません。

さて、開館時刻の時間帯になりますと、図書館に通ずる道には学生がたくさん歩いていることになります。互いに、受験生といった関係性においてはライバルであります。また座席争奪戦といった点においてもライバルであります。

誰もが早く図書館にたどり着いて席を確保したいと思っています。そこでみな、なんとなく早足ぎみになっています。けれども、あんまり自分だけ早足となって他人を追い越すのも「いかがなものか」といったある種の合意が成立していたような気がするのです。そういった雰囲気が称賛されるべきものなのかどうかはともかく、せかせかと他人を追い越すのはどこか下品なことと互いに思っていたような気がします。

ところが、たまに平気で駆け足をする学生がいるのです。なりふりかまわず、といった調子でひとりで走っていく。それを見て「オレも！」「私も！」と誰もが走りだすかといえば、なんとなく軽蔑した顔つきでみんなはやせガマンをしていたようです。みっともないヤツだなあ、と。

走ったほうが明らかに得なのです。法律違反でもなんでもないのですから。が、走ってしまってはミもフタもないといった空気があったわけなのです。そういった空気（雰囲気）を読めなかったのか、さもなければあえて無視したのかはともかく、走った者はまぎれもなく「品のないヤツ」と認知されたのでした。

超合理的発想をさげすむ

こうした発想はくだらぬことなのでしょうか。走った者をさげすむことは、一種の村社会的な排他主義に近い発想なのでしょうか。

私はそう思いません。なるほど走ったからといって「間違っている」わけではありません。まことに合理的です。というよりも超合理的です。なぜなら、行動原理が単純に損得勘定のみに基づいているのですから。

世間から「下品」と判断

精神を病んだ人たちを支援する仕事をしておりますと、彼らがしばしば世間からうとまれる場面にであいます。その多くは偏見に依拠しておりますが、ときには患者さんのほうに非がある場合もあります。そしてそうしたケースの多くは、彼らの超合理的な行動に由来しているのです。

たとえば、節約を考えなければならないとき、洗剤や水に必要な料金を惜しむためにおなじシャツを一カ月着たままですごしたとしたら、なるほど若干の節約にはなりますが、不潔ということで他人からは嫌な顔をされましょう。こういった「世間の文脈を読めない」といった形の超合理主義をときおり患者さんは実践してしまうのです。

マナーとか品性といったものは、空気を読む・文脈に添う・自己中心にならない・毅然とする、といった姿勢にほかなりません。援助交際でお金を稼ぐのも、図書館に向かってなりふりかまわず走るのも、節約のためシャツを一カ月洗わないのも、そして電車のなかで化粧をしたり携帯電話で話をするのも、その超合理的な態度においては「下品」で見苦しい、ということになってしまうわけです。

「できて当たり前」と見られる怖さ

見るからに「ガリ勉」

先日の朝、駅前でひとりの少年を見かけました。少年というにはまだ幼く、学童と称したほうが適切でしょう。たぶん、小学三、四年生といったところです。

電車通学と思われるその彼に、改札口からでてきた勤め人やら学生やら、あるいはたまたま駅前にいた人たちが、いっせいに彼のほうへ視線を向けたのです。もちろん私もそうした人々のひとりとなっていました。

なぜ、幼い彼に誰もが目を向けずにはいられなかったのでしょうか。

彼は、大概の人ならばすぐにわかるような某有名私立校の制服制帽を身につけていました。そのことだけでも、その駅がある地域ではじゅうぶんに注目を浴びるに値することだったのですが、なんといっても重要なポイントは、彼がそれこそ絵に描いたような「ガリ勉」少年に見えたからなのです。

さながらマンガにでもでてきそうな、あまりにも万人のイメージそのままの「ガリ勉」君だったのです。神経質そうで青白い肌、全体に野暮ったく少々出っ歯ぎみの顔。質実剛健といった古くさい眼鏡、いやに短く刈り込んだ髪。身ごなしも、どこか「なりふりかまわぬ」といった印象があって、勉強はできても女の子にはモテそうもないなあ、などと余計な感想を抱かせてしまうような雰囲気を漂わせていました。

とにかく、あまりにも「ガリ勉」君ぶりがカリカチュアめいていたので、ひょっとしたらテレビでコメディーの街頭撮影でもしていて、彼が実は子役なのではないかなどと誰もが思ってしまったようなのでした。

親の価値観そのままに

私が最初に抱いた感想は、「すごいなあ。本人は自分がガリ勉君そのものに見えるということをどれくらい自覚しているのだろうか」ということでした。

おそらくガリ勉ふうに見えることに対して自己嫌悪を覚えるには、まだ年齢的に

は早いかもしれません。それに親のほうはあんなふうに見えてもかまわないと思っているのでしょうから、親から肯定されているぶんには、「よい成績を取って進級進学の勝ち組となる」といった思いのほうが、周囲からの好奇の目や級友のからかい、揶揄などよりも優先しているのでしょう。

換言するなら、いまのところ彼は親の価値観（勉強の勝者たれ！）をそのまま心に取りこんで日々をすごしているということです。親に喜ばれ、ほめられることが彼には最も大切なことなのでしょう。そして親から示唆された「明るい未来」のために邁進していくのでしょう。

いつか来る「挫折」に

そのこと自体がよいとか悪いといった話ではありません。けれどもあれだけ「いかにも」といった外見のガリ勉君にとって、たとえ成績が学年トップであっても、それが当然と見なされてしまうことは間違いありません。

勉強ができて当たり前、できなかったらそのことは格好の話題として周囲で取り沙汰されることでしょう。彼の自尊心もおおいに傷つくに違いありません。

はたして彼が大学卒業までトップを維持できるものなのか。トップのまま逃げ切ってしまえれば問題はありません。挫折知らずの秀才が世にでていくだけです。が、もし彼の成績が下降線をたどったり、歯牙にもかけていなかった級友に負けたりしたら、彼は必要以上にショックを受け、人生そのものに対して懐疑的にならざるをえなくなるでしょう。

こうした事態は、私には少々ホラーめいて感じられるのです。

見るからに「ガリ勉」

ガリ勉君そのものに見えたからといって、それを恥じる必要はないでしょう。だが、そうした外見ゆえに「勉強ができて当たり前、勉強ができなかったら恥」といった図式が彼には与えられてしまうことになる。あの有名私立校に入れたのですから、頭がよいことは確かでしょう。しかし、学内には、頭のよい子がいくらでもいるはずです。ましてや小学校でも高学年に達するまでは、親の熱心さとか親による「洗脳」によって成績は左右されます。本当に当人が優秀か否か、そのこと以外の要素が大きく関与します。

挫折からどこへ

外見どおりに成績がトップだとしたら、おそらくあのガリ勉君は、あと数年のうちには挫折体験を味わうことになるでしょう。ライバル候補とすら思っていなかったクラスメート、たとえばアニメのキャラクターに夢中になっていたりオマケ玩具のコレクションにうつつを抜かしていた少年たちが、なにかの加減で勉強に関心を向けたら、たちまち成績が急上昇して、すでにアクセルをめいっぱい踏み込んだ状態で勉強に邁進していたガリ勉君はあっという間に追い越され、もはや抜き返せなくなって困惑と無力感とやり場のない怒りに襲われるといった構図が想像しえるわけです。

そうした挫折を人間性の豊かさに結びつけてくれるように親がフォローをしてくれれば、これは大変にすばらしい体験となりますが、ガリ勉君の心が荒んでしまう危険は否定できません。

「ああそうだったのか」

さて、小学校でも中学高校でも、受験を控えたころになるとなぜか急に成績が伸びてくる、いわばダークホース的存在をしばしば見かけます。おしなべて、こうした伸び方をする人は本当に優秀な頭の持ち主が多い気がします。しかも優秀さがめだたない時期には、趣味だか遊びだかのほうに没頭していたものですから、成績が

伸びてくると優秀さにも奥行きといいますか余裕のある頭のよさを感じさせます。

こうしたダークホース人間に私は関心を寄せてきました。結構仲のよい連中から、輩出する傾向があったからです。で、いまになって思い返してみますと、どうやら彼らはどこかの時点で「ああそういうことだったのか」と気付く瞬間を体験しているようです。すなわち、それまでは公式をただ丸暗記したり、塾や参考書で教わった小手先の技術などでテストを乗り切ってきた。いや、茶を濁してきた。意味も意義もわからないけれども、とりあえず要領のよさを発揮して器用に「そこそこ」の点数を確保してきたが、実際にはなんの関心もなかった。

ところが、ふとした拍子に、たとえばある公式が意味していることに、自分なりに気がつく。それも、たとえば趣味の世界において一種のセオリーとして理解していたものが、実は無味乾燥なはずの公式と考え方において相似していることに思い当たってしまう。そうなると、あとはドミノ倒しのごとく勉強をたやすく本質的に理解していける。

「思い当たり体験」の有無

結局、趣味の類でもそれなりにディープに打ち込んでいて、しかも「ああそうだったのか」と思い至る経験が重なればターボがかかるわけです。そのあたりを親がうまくお膳立てをすることはむずかしいでしょうが、世の中のものごとは意外なところで似通った発想が根底に潜んでいるということに気付く「思い当たり体験」の有無こそが、ダークホース誕生の秘密だろうと私は考えるのです。

自分を客観視するための想像力

予測できない発想

コンピュータとか携帯電話を、私は満足に使いこなせません。マニュアルなんか読む気にもなれないし、使いこなす気もないし、そんな必要にも迫られていないからなのですが、こうした機器になじめないのにはもっと別の理由があるのです。

コンピュータや携帯電話を設計した人の発想が、いまひとつわからないのです。

たとえば、操作がむずかしくなることの理由のひとつは、ひとつのキーにいくつもの機能を兼用させているといったことがあります。だから、一見まったく関係のないキーをふたつ同時に押さなければダメであるとか、そういった厄介なことになってくるのです。

これを逆に考えてみれば、もし自分が設計者で、かぎられた数のキーでそれよりも多くの機能を操作するように仕組むとしたらどうするか、という問題設定となり

ます。本来ならば、人間というものはおしなべて似たようなことを考えるものですから、そうした暗黙の共通理解によって、おそらくこのキーとこちらのキーとをいっしょに押せばいいのではないかと、おのずから見当がついてくるはずなのです。

ところが、どうやら近ごろの技術者たちは、私と違う発想をするらしい。彼らだったらごくふつうに思いつくことが、私が同じ立場であったらやはり似た発想をするかというと、どうもそうではない。だから、当方としては予測が立てられない。意外性ばかりに翻弄されて、使いこなすことなど叶わなくなってしまうというわけです。

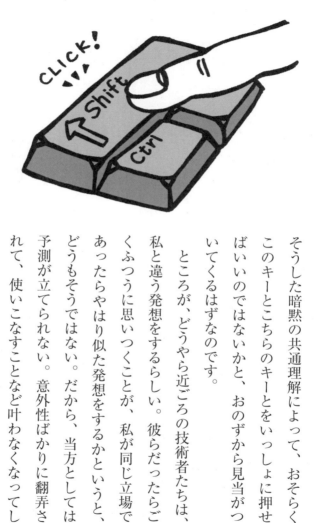

相手の求めるものを察知する

試験を受けるときでも、出題者の発想とか意図が透けてみえると、「ひっかけ」とか「受験者に求めているポイント」といったものがわかって、すらすらと解答を導きだしていくことができるものです。問題作成者に変身してみることが、試験攻略の要点のひとつであります。

この事実を敷衍《ふえん》（注14）してみますと、すなわち想像力を働かせて他人の立場に自分を置いてみれば、自分がなにを求められているかがわかるはずだといった話となります。これは試験のみならず、ビジネスだろうと人づきあいだろうと、あるいは世の中を生きていくにおいて、いかにスマートに場面場面を切り抜けていくかの極意そのものといえましょう。

想像力と優しさは比例しない

他人への想像力の欠如、といったことがしばしば言われます。相手の立場をじっくりと考え思いめぐらせてみれば、イジメだとか非常識な言動とかはできないはずだといった意味で、この言葉は用いられることが多いようです。

試験に強い子どもは出題者の立場を想像力で読み解くことができ、だからそうした能力ゆえに、他人に対しても思いやりがあって共感力の豊かな子が多い——といったぐあいに話がまとまればよろしいのですが、残念なことにそんな一般化は望むべくもないのが現実のようです。

だいたい、他人の心理を読むことに長《た》けた悪人というのが世の中にはたくさんいるわけで、想像力の貧困さと優しさの欠如とはまったく別なことのようです。

とはいうものの、他人の心をシミュレーションしてみることのできない人間は、いくら努力をしても、成果には限界があるような気がします。なぜなら他人の心の働きを想像してみることは、自分を客観視してみることに通じますから。

誰もが、いくつもの「他人の心」という変身メニューを持っているはずなのです。そのメニューを広げるためには、もしかするとパソコンのマニュアルをきちんと読むといったことも必要なのかもしれません。

不安定型の人は一歩後退することも大切

「なんとなく」ができなくなる

第二章（P90）で、子どもが自分でも理解しかねる気分に支配されて、先生や親に理由を説明できないような行動をしめすことがあるといった話を書きました。

これはつまり、子どもにとって自分自身に違和感を覚えることにつながります。自分をコントロールできないことにとまどい、自分を異物のように感じることにつながります。

そうなりますと、それまではごく当たり前にクリアできていたことも、妙にぎこちなくなってうまくいかなくなったりします。以前なら「なんとなく」理解したり記憶できていた勉強が、なぜかスムーズにいかなくなったりする。勝手が違ってしまう。そのため、成績が急降下することも珍しくありません。

たとえば、歩くときに、われわれは「なんとなく」左右の足を交互にだして進ん

できます。いま右の足をだしたから、さあ次は左足をだそうなどといちいち意識していたら、かえって足はもつれて歩けなくなってしまうでしょう。

ふたつのタイプの人間

子どもから思春期へと向かうころ、同じような現象にとらわれることがしばしばあります。それはある種のスランプとして映るかもしれません。

大きな視点に立てば、こうした体験は絶対にプラスになります。ただし、受験の時期にそうした現象が重なるのは、正直なところ困った問題でもありましょう。

このような場合こそ、あせりは禁物です。個人的な経験から申せば、とりあえず一歩後退してみることが大切のようです。具体的には、それまでは小手先で解いていた初歩的なレベルの問題に、あえて取り組み直してみる。なぜか?

どうやら人間には大きくふたつのタイプがあって、ひとつはきわめて安定した精神の持ち主です。環境が変わっても平気、雰囲気にのまれたりしない。おそらく、そうした人びとは自分の安定性が自信につながって、ますます強い人になっていくのでしょう。

だが、どうもそういった安定性の裏には、ものごとを深く突き詰めないとか、惰性に任せられるといった一種の安易さがプラスに作用しているような気がします。そういった意味では、彼らの頼もしさはステレオタイプな精神性に依拠しているような気がするのです。

もうひとつの種類の人は…

他方、不安定だが発見や創意に満ちた精神の持ち主がいるように思えます。往々にして彼らは雰囲気に圧倒されたり、好不調の波がめだったりします。思春期に混乱しがちなのもこのタイプです。彼らは、それまでに積み重ねてきたものに対して、つい疑念を抱いたり新しい角度から見直してみたがったりします。だからこそ、考えようによっては回り道をしがちに映ります。

そのようなタイプこそ、一歩後退をしてみる必要性があるのです。なにしろ、いままではすらすら解いていた問題に対しても、なぜそうなんだろうと急に新たな疑惑に駆られてしまったりするのですから。

たとえば、算数の設問に対して、ひとつの解き方だけでなく別解もひねりだせるような人が、本当の実力の持ち主でしょう。別解にこだわるようなタイプは案外とスランプに陥りがちだし、しかし、自分で納得がいくまで考えられるように手助けをされれば、大きく飛躍するのです。

能率だけを重視すべきではありません。

「別解」がオリジナルよりすぐれていることも

強烈な印象を残す『透明人間』

友人の家に、少年向きにリライトされたSF小説のシリーズがずらりとそろっていました。本好きの子どもとしては目がくらむほどに素敵なシリーズで、しばしば彼の家に立ち寄っては一冊ずつ貸してもらっていました。ただ、所有者である友人は、これだけたくさんの本を持っていることのありがたさをまるで自覚していないようすでした。

私にとって思い出深かったのは、H・G・ウェルズ作の『透明人間』でした。人体を透明化するクスリを発明し、自ら透明人間となった科学者が、悪事を重ねて破滅していく話です。顔に包帯を巻きサングラスをかけた謎の男がイギリスの田舎町に登場する場面など、挿絵の力もあっていまでも鮮明に覚えています。

その少年向きの本では、物語の最後で、もとの不透明な肉体に戻れなくなってし

まったことに絶望して、科学者は断崖から海へと身を投げてしまいます。
　そして、エピローグのような形でひとつのエピソードが語られます。すなわち、英国のある浜辺に、クラゲのような透明な生物の遺骸が打ち上げられて、地元の人たちは「こんなおかしな生き物は見たことがない」と首をひねっていた、というのです。
　透明人間の水死体が、人間とは認められないまま浜辺で人々に不思議がられる場面は、ある種の物悲しさがあってなかなかの余韻を残していました。小学生であった私は、感動したのです。

原書での末路はまったく別の話だった

ところが高校生のころに、ふと思いついて原作を忠実に翻訳した『透明人間』を読んでみました。ストーリーはおおむね子どものころに読んだ内容と同じでしたが、驚いたことに結末がまるで違うのです。

原書に沿った訳では、衆人環視の場所で透明人間は死んでしまう。すると死亡と同時に、まず血管やリンパ管がもとの色彩を取り戻して忽然と現れる。次に内臓が姿を現し、さらに骨が見え、最後に皮膚が見えるようになって、いわゆるふつうの肉体（死体）に戻るという案配なのでした。つまり図鑑に載っている解剖図……血管だけを描いたものや内臓だけをしめしたもの、骨格だけを図示したもの、あれらが毒々しい色彩で次つぎに出現するという趣向なのでした。

相当に趣味が悪い。ちなみに映画化された透明人間も、多かれ少なかれ原書の視覚効果を踏襲しています。

子どもは、おそらく原書どおりのグロテスクな光景が結末となったほうが喜ぶに違いありません。それなのに少年向きのリライト版では、なぜ結末が変えられていたのでしょう。

もしかすると、いわゆる教育的配慮なのかもしれません。原作のままではあまりにも悪趣味である。ことに挿絵が添えられるのだから、と。

大概の場合、教育的配慮というやつは「余計なお世話」になりがちです。桃太郎の鬼退治が、鬼と話しあって仲よくなったという結末に変えられてしまうように。しかし、この『透明人間』の結末にかぎっては、リライトされたもののほうが、はるかに心に訴えかけるものがあったのです。まことに珍しい例といえましょう。

リライト版の結末が誰かの創作であることを知ったとき、私はだまされた、といった気分ではなく、世の中にはオリジナルよりも素敵な「別解」があり得るのだな、と感心したのでした。なにやら人生について肯定的な感情を与えられたようにも思ったものでした。

切望したものが実現している現代

ジオラマのテレビが映る…

模型やフィギュアを陳列した店をぶらぶらしていたら、ジオラマが飾ってありました。昭和三十年代の茶の間を再現したジオラマです。畳には座布団が敷かれ、卓袱台があって魔法瓶や急須や湯飲み茶碗が用意されています。壁際の茶箪笥には、日本人形のケースだとかコケシが飾ってあります。襖や障子にかこまれた室内には、モノクロのテレビも置かれています。で、そのテレビなのですが、ジオラマの小道具なのですから画面の大きさはちょうど切手一枚ぶん程度のものです。そのちっぽけな画面が、本物のスクリーン（たぶん液晶でしょう）として機能しているのです。

つまり、ジオラマのなかに置かれていたテレビは、模型であると同時に「本物」のテレビでもあったのです。実際、ジオラマの台にはテレビ用のチャンネルやボリ

ユームのツマミがついていました。
腕時計型のテレビが市販されているのですから、ちっとも驚くべき話ではありません。だが私としては、とても感慨深いものがあったのです。
実は小学生のときに、似たようなジオラマを作ったことがあります。もちろんテレビも据えたのですが、当時はどんなに小型のテレビでもミカン箱位の大きさはあったのです。切手サイズの画面に本当に放送が映るなんて、夢のまた夢でした。仕方がないので、画面の部分を切り抜き、裏から雑誌のグラビアの一部分を覗かせるようにしました。
そんな体験があったものですから、レトロなジオラマを目にしたときには、「ああ、子どものころの夢が、ついにここに実現しているじゃないか」と感じ入ってしまったのでした。このジオラマの実現までに、私は四十年も待たねばならなかったのでした。

子ども時代から着々と進歩している技術

掌に載るような小さな戦車の模型が無線で自在に動く、というのも子ども時代の夢でした。それがいまでは驚くばかりに安く売られています。ときおりパソコンのキーボードの上を乗り越えさせたりして遊んでいますが、技術の進歩はまったくたいしたものだと感心せずにはいられません。

学生時代には、単語カードをしばしば使いました。細長いカードをリングで綴ってあり、表に英単語を書いて裏に意味を書き、それを使って「自分で自分を試験しながら」勉強するわけです。

英語ばかりではなく、とにかく暗記ものにはなかなか便利でした。それに持ち運びに便利なところも、大きな魅力でした。ポケットに入るのですから。

ただし欠点がありました。自分で書いた文字を見て自分で答えるのですから、なんとなく筆跡が余計な連想を起こさせてしまう。質問→解答といったプロセスをたどらず、「あ、こんなぐあいに文字が乱れているのはアレだな」と、本質とは無関係な形で答えがわかってしまう。自作自演の馴れあいといった雰囲気が漂ってしまい、そこが不満だったのです。

けれども最近、電子辞書みたいな形で、いわば電子単語カードが発売されているようです。しかも、順番も自動的にシャッフルしてくれるらしい。これこそ、かつて私が求めていたものなのでした。

世の中、ちっとも棲みやすくならないのに、幼かった自分が切望したものが着々と実現しているのです。

近ごろの子どもたちが妙に悟ったような顔をしているのも、無理からぬことかもしれません。

注

注11……**吃音《きつおん》**（P163）／第一音や途中の音が詰まったり、同じ音を何度も繰り返したり、音を引き伸ばしたりして、流暢に話すことができない状態

注12……**全能感**（P164）／自分はどんなことでもできると思うさま

注13……**チェシャ猫**（P169）／The Cheshire Cat／一八六五年に出版された児童文学「不思議の国のアリス」（著者／筆名ルイス・キャロル、本名チャールズ・ラトウィッジ・ドジソン／イギリス）に登場する猫。英語の慣用句「チェシャの猫の様にニヤニヤ笑う（grin like a Cheshire cat）」に由来し、ニヤニヤ笑って消えたり現れたりする

注14……**敷衍《ふえん》**（P200）／意味・趣旨をおし広げて説明したり、例などをあげてくわしく説明すること

あとがき

精神科医の立場からさまざまな親子関係を見る機会があります。私のところにケースが持ち込まれる場合は、もちろんトラブルが生じているときです。親子関係が上手く機能していない。ただし当事者たちがそのことに気付いているかどうかはまた別な話となりますが。

問題の原因を考えてみますと、キーワードはふたつに絞られるようです。

最初のキーワードは「コントロール願望」です。

人間は、どうも他人（ことに家族や身近な人物）を自分の思いどおりにさせたいといった気持ちが強く働くようです。それは「本人のためを思って」とか「これが一番幸せになる方法なのだから」とか「こうしておけば間違いない！」といった心情に基づいています。つまり善意であり愛情であり思いやりです。

しかしこういったことは、押しつけがましさと紙一重です。自分の価値観を強要するだけのことかもしれません。結局は自分が安心したい、自分が満足したいだけなのに、それを自分でも取りちがえて親切ぶっているだけかもしれない。すなわちコントロール願望とは、自分と相手との区別がつかなくなっていることに根本的な問題があるのです。

子どもが三十を過ぎてもいまだに親離れ・子離れができていない家族は、いまどき珍しくありません。なぜそのように親子が密着しているのか。親は子どもにコントロール願望を発揮して、それが上手くいこうといくまいと、とにかく子どもがコントロールの対象となりえていると信じている。そこに親としての生きがいや手応えがある。いっぽう子どものほうは、コントロールされる立場にいることに鬱陶しさを感じつつも、社会の厳しさと向き合うよりはコントロールの対象として甘んじているほうが気楽である。それに親に対してならば、ふてくされたり反抗したりすることもできる。

そういった一種の馴れ合いが生じているのです。だからコントロール願望にとらわれた親子は、ぼやいたり文句を口にしても、結局は現状から脱出したがりません。世間と向き合うよりは、よほど気楽だからです。

こうした関係性は、いわゆる「ひきこもり」に顕著ですが、勉強や受験に夢中になっている親子においても認められます。そしてこのような関係性は必ずしも全否定されるべきとはかぎらず、程度問題であるところにむずかしさが潜んでいるといえましょう。

もうひとつのキーワードは「罪悪感」です。人は予想以上に罪悪感を心の片隅に生じさせてしまうようです。そのことをはっきりと自覚するかどうかはともかく、いわゆる「生きづらさ」の問題は、年齢を問わず罪悪感が大きく関与しているようです。

たとえば、子どもは受験で親に心配をかけることに多かれ少なかれ罪悪感を覚えています。が、受験が親のコントロール願望の一部であるとも思っています。受験によって自分自身が試されるということは、多くの子どもにとって愉快ではないでしょう。ただし、その不快感はつまり自分への自信のなさの顕れであり、そこにまた罪悪感を覚えてしまう。ただし、そもそもどうして自分が罪悪感などに苦しまなければならないのか、そこを突き詰めてみると「産んでくれと頼んだ覚えはない！」といったミもフタもない文句に行き着いてしまう。ことほどさように、どのように振る舞っても罪悪感はわれわれの生の営みに付いて回ります。そしてその罪悪感もまた、自分と相手との区別が曖昧なことに由来している場合が多いのです。

私たちが生きていくうえで明確に自覚すべき言葉として、「和解」があげられると思います。通常、和解とは確執を乗り越えて互いに理解しあうことを指しましょう。しかしここでいう「和解」は少々意味が異なります。

自分と相手（ことに親と子）とは、たとえ血がつながっていようと愛情で結ばれていようと家族の絆でつながっていようと、いずれにしても互いに別々な人間である。だから相手を完璧に理解できることなどありえないし、価値観や考え方が完全に一致することなどもありえない。われわれは精神的なシャム双生児ではありえない。だから、まずは互いに異なった人間であり理解や共感にもおのずから限界がある――それを自覚したうえでなお、互いに相手を思いやることが和解であると思うのです。

そういった文脈での和解が成り立ったときに、われわれはコントロール願望だとか過分な罪悪感といったものから抜けだせるのです。このような、親子の和解というプロセスのなかで考えれば、結果はどうあれ、受験は貴重な体験であるにちがいありません。

索　引

本書は、月刊誌『合格アプローチ』に連載されている『子どものこころ探検記』の二〇〇一年八月号から二〇〇五年十月号までを収録したものです。

著者紹介

春日武彦（かすが・たけひこ）

一九五一年、京都府生まれ。日本医大卒。精神科医・医学博士。

産婦人科医として六年間勤務。その後、障害児を産んだ母親を精神面でフォローするなか、心の病気の重要性を痛感し、精神科医へと転向する。医師としての視点のみならず、人の心の不思議や〝心の闇〟といったものを描いた著書を多数執筆。代表作として、『ロマンティックな狂気は存在するか』（新潮社ＯＨ！文庫）、『顔面考』（紀伊国屋書店）、『不幸になりたがる人たち』（文春新書）、『病んだ家族、散乱した室内』（医学書院）などがある。

子どものこころSOS

子どもの気持ち感じていますか？

発　行　二〇一六年七月一〇日　普及版第一刷発行
著　者　春日武彦
発行者　山本浩二
発行所　株式会社グローバル教育出版
〒一〇一—〇〇四七
東京都千代田区内神田二—四—二　グローバルビル
電話　〇三—三二五三—五九四四（代表）
振替　〇〇一四〇—八—三六六七七
イラスト　南木かりほ
表紙デザイン　児玉清彦デザイン事務所
印刷所　瞬報社写真印刷株式会社